Schlüsselbegriffe der politischen Kommunikation in Mitteleuropa
während der frühen Neuzeit

Kieler Werkstücke

Reihe G:
Beiträge zur Frühen Neuzeit

Herausgegeben von Olaf Mörke

Band 4

PETER LANG
Frankfurt am Main · Berlin · Bern · Bruxelles · New York · Oxford · Wien

Volker Seresse (Hrsg.)

Schlüsselbegriffe der politischen Kommunikation in Mitteleuropa während der frühen Neuzeit

PETER LANG
Internationaler Verlag der Wissenschaften

Bibliografische Information der Deutschen Nationalbibliothek
Die Deutsche Nationalbibliothek verzeichnet diese Publikation in der
Deutschen Nationalbibliografie; detaillierte bibliografische Daten sind im
Internet über <http://www.d-nb.de> abrufbar.

Umschlagabbildung:
Siegel der Christian-Albrechts-Universität zu Kiel.

Die Universität Kiel trägt ihren Namen nach ihrem Gründer, dem Herzog
Christian Albrecht von Schleswig-Holstein-Gottorf, der sie im Jahre 1665
– nur siebzehn Jahre nach dem Ende des Dreißigjährigen Krieges – für sein
Herzogtum ins Leben rief.
An diese Zeit erinnert auch ihr Siegel:
Es zeigt eine Frauengestalt mit einem Palmenzweig und einem Füllhorn
voller Ähren in den Händen,
die den Frieden versinnbildlicht.
Das Siegel trägt die Unterschrift: Pax optima rerum
(Frieden ist das höchste der Güter).

Abdruck mit freundlicher Genehmigung der
Christian-Albrechts-Universität zu Kiel.

Gedruckt auf alterungsbeständigem,
säurefreiem Papier.

ISSN 1431-7303
ISBN 978-3-631-54590-4
© Peter Lang GmbH
Internationaler Verlag der Wissenschaften
Frankfurt am Main 2009
Alle Rechte vorbehalten.

Das Werk einschließlich aller seiner Teile ist urheberrechtlich
geschützt. Jede Verwertung außerhalb der engen Grenzen des
Urheberrechtsgesetzes ist ohne Zustimmung des Verlages
unzulässig und strafbar. Das gilt insbesondere für
Vervielfältigungen, Übersetzungen, Mikroverfilmungen und die
Einspeicherung und Verarbeitung in elektronischen Systemen.

Printed in Germany 1 2 3 4 5 7

www.peterlang.de

Inhaltsverzeichnis

Volker Seresse:
Einführung: Zur Bedeutung von Schlüsselbegriffen der politischen Kommunikation
für das Verständnis frühneuzeitlicher Politik 7

Marco Gavran:
Werte und Normen in eidgenössischen Konflikten des 17. Jahrhunderts 15

Jörg Ludolph:
Die „Krauthoffaffäre" von 1642 in Schleswig-Holstein-Gottorf.
Politische Argumente in einem ständisch-landesherrlichen Konflikt 35

Volker Seresse:
Schlüsselbegriffe fürstlichen und landständischen Selbstverständnisses
in Kleve-Mark und Bayern im 16./17. Jahrhundert 69

Verzeichnis der Autoren 87

Register der politischen Begriffe 89

Einführung: Zur Bedeutung von Schlüsselbegriffen der politischen Kommunikation für das Verständnis frühneuzeitlicher Politik

Volker Seresse

„Ich halte dafür, man muß mehr auf das *allgemeine Beste* sehen, als auf sein eigenes Interesse, und darum scheint mir Meister Hermanns Vorschlag der vorzüglichste, der seit Langem gemacht ist. Je mehr Handel wir treiben, je mehr florirt ja die Stadt; je mehr Schiffe ankommen, je besser ist es ja für uns kleine Beamte. Doch das Letztere ist nicht der eigentliche Grund, weshalb ich dem Vorschlage beistimme, sondern allein der *Nutzen und die Wohlfahrt der Stadt* treibt mich dazu, ihn zu recommandiren." So äußert sich der Torschreiber Siebert in Ludvig Holbergs Komödie „Der politische Kannengießer", 1722 auf die Bühne gebracht. Siebert ist einer der kleinen Handwerker und Bürger Hamburgs, die ihren Stammtisch zu einem „Collegium politicum" befördert haben, Politik spielen und sich dabei kräftig blamieren. Nach Torschreiber Sieberts Plädoyer für die Aufnahme des Handels zwischen Hamburg und Indien – des *Nutzens und der Wohlfahrt der Stadt* wegen – meint der Kürschner Geert, eine Grönlandkompanie sei „der Stadt viel nützlicher und besser". Damit kommt er aber schlecht an. Franz, der Messerschmied fährt ihm in die Parade: „Geert scheint mir mit seinem Votum mehr auf seinen *eigenen Nutzen* zu sehen als aufs *Beste der Republik*. Denn wer nach Indien reisen will, braucht den Kürschner freilich nicht so nötig, als zu einer Reise nach dem Norden. Ich [...] halte dafür, daß der Handel mit Indien allen andern an Wichtigkeit vorgeht. Denn in Indien kann man nicht selten für ein Messer, eine Gabel oder Scheere von den Wilden einen Klumpen Gold kriegen von demselben Gewicht. Wir müssen es nur so einrichten, daß die Vorstellung, die wir beim Rath einreichen, nicht nach *Eigennutz* riecht; denn sonst kommen wir damit nicht durch."[1]

Gemeiner Nutzen war ein Schlüsselbegriff politischer Kommunikation des Spätmittelalters und der frühen Neuzeit, vielleicht der prominenteste Schlüsselbegriff zwischen 1400 und 1800 überhaupt. Die Verwertung durch Holberg, gekoppelt mit dem Gegenbegriff des *Eigennutzes*, ist ein literarisches Indiz für die Selbstverständlichkeit, mit der in der frühen Neuzeit auf das *Gemeinwohl* als Norm des Gemeinwesens Bezug genommen wurde. Und wenn der Dichter seine Möchtegernpolitiker ungescheut den *Gemeinen Nutzen* für ihr Eigeninteresse reklamieren lässt, dann bestätigt er mit seiner komödiantisch gefaßten Kritik noch einmal indirekt die Bedeutung des *Gemeinwohl*arguments in der politischen Kommunikation.

Was macht den *Gemeinen Nutzen* zum Schlüsselbegriff, was ist überhaupt ein Schlüsselbegriff? Unter einem Schlüsselbegriff soll hier ein Begriff verstanden werden, in dem sich wesentliche Züge des politischen Selbstverständnisses artikulieren; Schlüsselbegriffe sind demnach oft normativ aufgeladen. Werden sie als Argumente im politischen Streit verwendet, dann deshalb, um die eigene Position zu begründen. Schlüsselbegriffe

---

1 Ludvig Holberg: Der politische Kanngießer, 2. Akt, 1. Szene, in: Holbergs ausgewählte Komödien, aus dem Dänischen von Robert Prutz, Erster Band, Leipzig [o.J., ca. 1890], S. 30f.

sind daher potentiell Kampfbegriffe; darüber hinaus können sie auch umkämpfte Begriffe in dem Sinne sein, dass beide Seiten sie für ihre Position in Anspruch nehmen. Schließlich: Wenn in einem Gemeinwesen neue Schlüsselbegriffe auftreten oder sich die Bedeutung herkömmlicher Schlüsselbegriffe wandelt, so ist dies ein deutlicher Hinweis auf wesentliche Veränderungen politischer und sozialer Natur: Schlüsselbegriffe dienen demnach - und hier greife ich eine Formulierung KOSELLECKs auf – als Indikatoren, manchmal auch als Faktoren von Veränderungen der politischen Kultur.[2]

Gemeiner Nutzen war solch ein Schlüsselbegriff. PETER BLICKLE hat seine Bedeutung für das Selbstverständnis städtischer und ländlicher Gemeinden Süddeutschlands und der Schweiz herausgearbeitet[3], andere Forscher wiesen auf die zentrale Bedeutung des Gemeinwohls für das fürstliche, ständische und städtische Selbstverständnis hin.[4] Englische und französische Beispiele[5] legen nahe, dass der seit der Antike verwendete Begriff des *bonum commune* europaweit eine hervorragende Rolle in der politischen Kommunikation spielte, besonders bei Auseinandersetzungen.[6]

Leider ist der *Gemeine Nutzen* fast der einzige Schlüsselbegriff, dessen Bedeutung wir einigermaßen benennen können. Andere Begriffe wie *Obrigkeit, Untertan, Landesvater, Einigkeit, Gnade, Huld, Schutz und Schirm, Gute Ordnung, Freiheit, Freiheiten / Privilegien, Konsens* haben erst vereinzelt Beachtung gefunden.[7] Ihre Bedeutung für die politische Kommunikation des Mittelalters und der frühen Neuzeit lässt sich noch nicht hinreichend bestimmen. Erst recht ist über das Verhältnis der einzelnen Begriffe zueinander wenig bekannt.

Dieses Desiderat besteht, obwohl REINHART KOSELLECK schon Anfang der 1970er Jahre auf den Nutzen der Untersuchung solcher Schlüsselbegriffe hinwies.[8] Im von Koselleck mitverantworteten, beeindruckenden Projekt der „Geschichtlichen Grundbegriffe" wurde aber überwiegend gerade nicht die alltägliche Praxis politischer Kommunikation untersucht, sondern vor allem die Karriere bestimmter Begriffe in der politischen Theorie beleuchtet. Doch vom Stellenwert eines Begriffs bei Machiavelli, Bodin, Locke oder auch bei Althusius, Besold, Conring oder Lipsius können wir nicht ohne weiteres darauf schließen, welche Begriffe in der politischen Praxis tatsächlich verwendet wurden oder gar Schlüsselbegriffe im o.g. Sinne waren.

Distanz zur politischen Praxis besteht zu einem guten Teil auch bei der Erforschung politischer Sprachen, wie sie JOHN POCOCK, QUENTIN SKINNER und ihre Schüler betreiben.[9] Näher am politischen Alltag steht ein Projekt zur Untersuchung der politischen

---

2   Die Definition lehnt sich an Kosellecks Verständnis von Begriffen und Begriffsgeschichte an, s. Koselleck 1972, S. XIV. Koselleck hat seinen Ansatz weiterentwickelt, s. zuletzt Koselleck 2002 sowie Dipper 2000.
3   Blickle 2000, zusammenfassend Blickle 2001.
4   Eberhard 1986, Schwerhoff 1994, S. 199f.
5   Ottow 2000, Naegle 2001.
6   Vgl. Münkler / Bluhm 2001.
7   Eine ausführlichere Zusammenfassung des Forschungsstandes jetzt bei Seresse 2005, 84-99.
8   Koselleck 1972.
9   Grundlegend hierzu Pocock 1987 und Skinner 1988. Zu den Gemeinsamkeiten und Unterschieden zwischen den Ansätzen Kosellecks, Pococks und Skinners s. Richter 1991 und zuletzt Palonen 2004.

Kultur der niederländischen Republik, bei dem Begriffe, namentlich auch unter Einbeziehung von Bildquellen, in ihrem kommunikativen Kontext untersucht werden.[10] Ebenso ist ROLF REICHARDTS „Handbuch politisch-sozialer Grundbegriffe in Frankreich 1680 – 1820" an der politischen Praxis orientiert, zeitlich allerdings, wie auch die „Geschichtlichen Grundbegriffe", vor allem auf den Übergang zur Moderne ausgerichtet.[11] Abkürzend, aber, wie ich hoffe, doch ohne den ausdrücklich erwähnten wie den nicht erwähnten Forschern Unrecht zu tun, ist festzustellen: Für einen Vergleich frühneuzeitlicher Schlüsselbegriffe in europäischem Maßstab – und ein solcher Vergleich muss das Ziel sein – fehlen bislang weitgehend die nötigen Vorarbeiten, auch wenn politische Sprache und Schlüsselbegriffe in den letzten Jahren im Zuge des zunehmenden Interesses an der politischen Kultur der Vormoderne vermehrte Aufmerksamkeit finden.[12]

Im vorliegenden Band geht es um Schlüsselbegriffe in der politischen Praxis, in den Beziehungen zwischen Obrigkeiten, Ständen und Untertanen Mitteleuropas. Die Verfasser gehen davon aus, dass sich gerade in solchen Schlüsselbegriffen der alltäglichen politischen Kommunikation wesentliche Züge des jeweiligen Selbstverständnisses erkennen lassen. Sie meinen ferner, dass Veränderungen im Gebrauch solcher Schlüsselbegriffe oder das Auftreten neuer Schlüsselbegriffe wichtige Hinweise darauf sind, dass sich die politische Kommunikation zwischen Herrschern und Beherrschten wandelte, und damit also zugleich das Herrschaftsverständnis, die Herrschaftsbeziehungen und die politische Kultur einer Stadt, eines Territoriums, eines Landes.

Im Mittelpunkt der Beiträge dieses Bandes stehen daher Fragen wie die folgenden: Welche Schlüsselbegriffe gab es? Wer nutzte sie auf welche Weise – als Argument in Konflikten oder auch formelhaft in der alltäglichen politischen Routine? Welche Bedeutung hatten sie im argumentativen Zusammenhang? Welche Schlüsselbegriffe veränderten sich, welche blieben gleich, welche kamen neu hinzu – und wie lässt sich das jeweils erklären? Endlich: Welche Bedeutung kam den Schlüsselbegriffen für die Entwicklung der politischen Kommunikation und Kultur zu?

Der Leser wird rasch feststellen, dass der hier eingeführte Terminus Schlüsselbegriff nicht durchgehend in diesem Band verwendet wird. MARCO GAVRAN spricht stattdessen von „Werten und Normen", JÖRG LUDOLPH von „politischen Argumenten". Trotz dieses terminologischen Unterschieds ist die Übereinstimmung in Fragestellung und Vorgehensweise jedoch so groß, dass eine Zusammenfassung der Beiträge unter der Überschrift „Schlüsselbegriffe" sinnvoll erscheint. Gemeinsam wollen die hier zusammengestellten Aufsätze ein Beitrag zur „Freilegung des zeitgenössischen politischen Vokabulars"[13] Alteuropas sein.

---

10 Den Boer 1998.
11 Ein instruktives Beispiel für diesen Ansatz bietet Reichardt 2000.
12 Studien, die Territorien des Reiches betreffen, legten zuletzt etwa Strohmeyer 2002 und Eßer 2004 vor.
13 Schorn-Schütte 2002, S. 276.

Mein herzlicher Dank gilt allen, die zu diesem Band beitrugen, namentlich Olaf Mörke, der die Aufnahme des Bandes in die „Kieler Werkstücke Reihe G: Beiträge zur Frühen Neuzeit" ebenso wie seine Finanzierung ermöglichte.

Literaturverzeichnis

Blickle 2000 = Peter Blickle: Kommunalismus. Skizzen einer gesellschaftlichen Organisationsform. Bd. 1: Oberdeutschland. Bd. 2: Europa, München 2000.

Blickle 2001 = Peter Blickle: Der Gemeine Nutzen. Ein kommunaler Wert und seine politische Karriere, in: Gemeinwohl und Gemeinsinn. Historische Semantiken politischer Leitbegriffe, hgg. von Herfried Münkler und Harald Bluhm, Berlin 2001, S. 85-107.

Den Boer 1998 = Pim den Boer: The historiography of German Begriffsgeschichte and the Dutch project of conceptual history, in: History of concepts. Comparative perspectives, ed. by Iain Hampsher-Monk, Karin Tilmans, Frank van Vree, Amsterdam 1998, S. 13-22. 243-245.

Dipper 2000 = Christof Dipper: Die 'Geschichtlichen Grundbegriffe'. Von der Begriffsgeschichte zur Theorie der historischen Zeiten, in: Historische Zeitschrift 270 (2000), S. 281-308.

Eberhard 1986 = Winfried Eberhard: Der Legitimationsbegriff des 'Gemeinen Nutzens' im Streit zwischen Herrschaft und Genossenschaft im Spätmittelalter, in: Zusammenhänge, Einflüsse, Wirklichkeiten, hgg. von Jörg O. Fichte, Karl Heinz Göller, Bernhard Schimmelpfennig, Berlin - New York 1986, S. 241-254.

Eßer 2004 = Raingard Eßer: „Weil ein jeder nach seinem habenden Verstand ... seine Meinung nach aller Völker Rechten ungehindert außzusprechen hat": Herrschaft und Sprache auf frühneuzeitlichen Landtagen, in: Herrschaft in der Frühen Neuzeit. Umrisse eines dynamisch-kommunikativen Prozesses, hgg. von Markus Meumann und Ralf Pröve, Münster 2004, S. 79-95.

Hellmuth / von Ehrenstein 2001 = Eckhart Hellmuth / Christoph von Ehrenstein: Intellectual history made in Britain. Die Cambridge School und ihre Kritiker, in: Geschichte und Gesellschaft 27 (2001), S. 149-172.

Koselleck 1972 = Reinhart Koselleck: Einleitung. In: Geschichtliche Grundbegriffe. Historisches Lexikon zur politisch-sozialen Sprache in Deutschland. Bd. 1, hgg. von Otto Brunner, Werner Conze, Reinhart Koselleck, Stuttgart 1972, S. XIII-XXVII.

Koselleck 2002 = Reinhart Koselleck: Hinweise auf die temporalen Strukturen begriffsgeschichtlichen Wandels, in: Begriffsgeschichte, Diskursgeschichte, Metapherngeschichte, hgg. von Hans Erich Bödeker, Göttingen 2002, S. 29-47.

Münkler / Bluhm 2001 = Gemeinwohl und Gemeinsinn. Historische Semantiken politischer Leitbegriffe, hgg. von Herfried Münkler und Harald Bluhm, Berlin 2001.

Naegle 2001 = Gisela Naegle: Französische Gemeinwohldebatten im 15. Jahrhundert, in: Gemeinwohl und Gemeinsinn. Historische Semantiken politischer Leitbegriffe, hgg. von Herfried Münkler und Harald Bluhm, Berlin 2001, S. 109-127.

Ottow 2000 = Raimund Ottow: Commonwealth. Konturen eines frühneuzeitlichen politischen Diskursbegriffs, in: Politische Vierteljahresschrift 41 (2000), S. 76-106.

Palonen 2004 = Kari Palonen: Die Entzauberung der Begriffe. Das Umschreiben der politischen Begriffe bei Quentin Skinner und Reinhart Koselleck, Münster 2004.

Pocock 1987 = John G. A. Pocock: The concept of language and the métier d'historien: some considerations on practice, in: The languages of political theory in Early modern Europe, ed. by Anthony Pagden. Cambridge 1987, S. 19-38.

Rolf Reichardt: Wortfelder – Bilder – semantische Netze. Beispiele interdisziplinärer Quellen und Methoden in der Historischen Semantik, in: Die Interdisziplinarität der Begriffsgeschichte, hgg. von Gunter Scholtz, Hamburg 2000, S. 111-133.

Richter 1991 = Melvin Richter: Zur Rekonstruktion der Geschichte der Politischen Sprachen: Pocock, Skinner und die Geschichtlichen Grundbegriffe, in: Alteuropa - Ancien Régime - Frühe Neuzeit. Probleme und Methoden der Forschung, hgg. von Hans Erich Bödeker und Ernst Hinrichs, Stuttgart 1991, S. 134-174.

Schorn-Schütte 2002 = Luise Schorn-Schütte: Neue Geistesgeschichte, in: Kompaß der Geschichtswissenschaft. Ein Handbuch, hgg. von Joachim Eibach und Günther Lottes, Göttingen 2002, S. 270-280. 318-321.

Schwerhoff 1994 = Gerd Schwerhoff: Apud populum potestas? Ratsherrschaft und korporative Partizipation im spätmittelalterlichen und frühneuzeitlichen Köln, in: Stadtregiment und Bürgerfreiheit. Handlungsspielräume in deutschen und italienischen Städten des Späten Mittelalters und der Frühen Neuzeit, hgg. von Klaus Schreiner und Ulrich Meier, Göttingen 1994, S. 188-243.

Seresse 2005 = Volker Seresse: Politische Normen in Kleve-Mark während des 17. Jahrhunderts. Argumentationsgeschichtliche und herrschaftstheoretische Zugänge zur politischen Kultur der frühen Neuzeit, Epfendorf/Neckar 2005.

Skinner 1988 = Quentin Skinner: Meaning and understanding in the history of ideas, in: Meaning and context. Quentin Skinner and his critics, ed. and introduced by James Tully, Princeton 1988, S. 29-67.

Strohmeyer 2002 = Arno Strohmeyer: Die Disziplinierung der Vergangenheit. Das ‚alte Herkommen' im politischen Denken der niederösterreichischen Stände im Zeitalter der Konfessionskonflikte (ca. 1570 bis 1630), in: Die Konstruktion der Vergangenheit. Geschichtsdenken, Traditionsbildung und Selbstdarstellung im frühneuzeitlichen Ostmitteleuropa, hgg. von Joachim Balcke und Arno Strohmeyer, Berlin 2002, S. 99-127.

Werte und Normen in eidgenössischen Konflikten des 17. Jahrhunderts[1]

Marco Gavran

1. Einleitung

Um den Jahreswechsel 1655/56 brach in der Eidgenossenschaft der Erste Villmergerkrieg zwischen den beiden reformierten Städteorten Zürich und Bern einerseits den fünf „inneren", katholischen Orten Luzern, Schwyz, Uri, Unterwalden und Zug andererseits aus[2]. Begleitet wurde dieser Konfessionskonflikt von Flugschriften beider Seiten, die in wechselseitigen Vorwürfen und Antworten einen regelrechten Propagandakampf widerspiegeln[3]. Der Auslöser des Krieges wurde vor dem Hintergrund tiefen gegenseitigen Misstrauens eine Gemeinde in Arth im Gebiet von Schwyz. Deren Mitglieder wurden von Schwyz als Wiedertäufer verfolgt, von Zürich dagegen als reformierte Protestanten anerkannt und aufgenommen. In der Folgezeit verhärteten sich die Fronten zwischen Zürich, das die Herausgabe des Gutes der Geflohenen forderte, und Schwyz. Schwyz berief sich in diesem Konflikt auf die *Freiheit*, welche als ein Recht der einzelnen Orte auf Selbstbestimmung gegenüber der Gesamtheit der Eidgenossenschaft verstanden wurde. So sei schon 1531 die Glaubens*freiheit* der Orte, nicht der einzelnen Personen, anerkannt worden[4]. Insbesondere Zürich habe geschworen, die katholischen Orte bei ihrem Glauben zu lassen[5]. Die reformierte Antwort berief sich darauf, dass auch in den gemeinsam verwalteten Gemeinen Herrschaften die Glaubens*freiheit* des Einzelnen festgelegt worden sei[6]. So stehe es jedem Eidgenossen frei, zu glauben, „was wir vertrauen gegen Gott [...] verantworten"[7] zu können. Somit seien die Arther für die ihnen zustehende *Freiheit* des Glaubens aus Schwyz fortgezogen[8]. Dieser Fall zeigt mit dem Streit beider Parteien um den Wert *Freiheit* ein Beispiel für die Bedeutung solcher Begriffe insbesondere in Konflikten. In diesem Fall konnten beide Seiten durch ein unterschiedliches Verständnis von *Freiheit* den Begriff für sich vereinnahmen.

---

1 Dieser Aufsatz basiert auf meiner 2003 vom Historischen Seminar der Christian-Albrechts-Universität zu Kiel angenommenen Staatsexamensarbeit gleichen Titels. Er stellt den Versuch dar, die Ergebnisse dieser Arbeit auf deutlich eingeschränktem Platz ohne größere Auslassungen wiederzugeben.
2 Zum Ersten Villmergerkrieg fehlt leider eine umfassende Monographie. Hier sei auf die Überblickswerke „Geschichte der Schweiz" (Im Hof 1991) und das „Handbuch der Schweizer Geschichte" (HSG 1972) verwiesen. Vergleiche dazu auch Gauss/Stoecklin 1953; Guggisberg 2000.
3 Als Beispiel sei das „Manifest der evangelischen Orte" (Falk 2915/11) vom 6. Januar 1656 genannt, in welchem Zürich und Bern ihre Entscheidung für den Krieg begründen. Noch im Januar 1656 antwortete die Gegenseite hierauf mit einer „Widerlegung" (Falk 2916/14) und kurz darauf mit einem „Contramanifest" (Falk 2916/13).
4 Falk 2916/13, S. [3].
5 Falk 2914/8, S. [5].
6 Falk 2915/11, S. [8].
7 Falk 2916/19, S. [6].
8 Ebd., S. [7].

PETER BLICKLE unterstreicht in seinem Buch über den „Kommunalismus"[9] die Bedeutung von Werten und Normen[10] für das Funktionieren gesellschaftlicher und politischer Systeme. Diese Bedeutung zeigt sich auch daran, dass erst eine gemeinsame Basis an Werten zwischen Obrigkeit und Untertanen Herrschaft und das Entstehen moderner Staaten ermöglichte[11]. Hier lag die Ursache einer herrschaftlichen Moralpolitik, welche versuchte, die als Moral verstandenen Werte und Normen innerhalb der Landschaft[12] zu beeinflussen[13]. Es lag also nicht nur ein dynamisches Modell von Werten vor, sondern zumindest auf Seiten der Obrigkeit „ein instrumentales Verhältnis [...] zu verhaltensbestimmenden Normen"[14]. Somit stellt sich die Frage, inwieweit verschiedene Parteien in der Frühen Neuzeit sich der Wandelbarkeit von Werten und Normen bewusst waren und versuchten, diese zu beeinflussen. Der Streit um die *Freiheit* des Glaubens der Arther Gemeinde wirft hier ein erstes Schlaglicht, wobei allerdings beide Konfliktseiten aus Obrigkeiten bestanden. Weiterhin ist zu fragen, inwieweit bei einzelnen Gruppen spezifische Werte vorlagen[15]. Hier ergibt sich der Ansatzpunkt dieses Aufsatzes: Es sollen Unterschiede in den Wertesystemen von Untertanen und Obrigkeiten untersucht werden. Darüber hinaus wird als wichtigstes Vorhaben die zielgerichtete Benutzung dieser Wertesysteme durch die Gruppen gegenüber jeweils anderen Kommunikationspartnern untersucht.

Die Eidgenossenschaft ist besonders geeignet, kommunale Wertesysteme zu überprüfen, da sowohl Obrigkeiten als auch Untertanen kommunalen Systemen entstammten. Im 17. Jahrhundert fand mit dem Schweizerischen Bauernkrieg von 1653 der zentrale Konflikt zwischen Obrigkeiten und Untertanen, in dem „die aktuellen Herrschaftsstrukturen fundamental in Frage [gestellt wurden]"[16], statt. Neben diesem Krieg wird der Erste Villmergerkrieg von 1656, bei dem es sich um einen Konflikt zwischen Obrigkeiten handelte, in die Untersuchung miteinbezogen, da sich hier für die Nutzung von Werten und Normen gegenüber unterschiedlichen Adressaten Ansatzpunkte ergeben.

Grundlage der Untersuchung ist das Wertesystem PETER BLICKLEs, welches die vier Begriffe *Gemeiner Nutzen, Hausnotdurft, Frieden* und *Gerechtigkeit* umfasst. Der *Gemeine Nutzen* hatte dabei die zentrale Rolle inne und fungierte als „Gemeinderaison" und zu legitimatorischen Zwecken[17]. Die *Hausnotdurft* sicherte die Existenz der einzelnen Haushalte als „Basiseinheit[en] der [...] Staatsform"[18]. Die Wichtigkeit des *Friedens* zeigt sich daran, dass jegliche kommunale Ordnungen *Friedens*ordnungen waren,

---

9 Blickle 2000 I, II.
10 Die Begriffseingrenzung wird im Folgenden vorgenommen.
11 Neveux/Österberg 1997, S. 156.
12 Der Begriff der „Landschaft" ist geographisch, nicht verfassungsrechtlich, aufzufassen und bezeichnet die Gebiete der eidgenössischen Städteorte außerhalb der jeweiligen Hauptstadt.
13 Simon 1981, S. 7-10.
14 Ebd., S. 292.
15 Diese Frage stellen Isenmann für die Stadt und Neveux/Österberg für die „Landschaft" in Frankreich, Deutschland und Schweden, während Schulze ständische mit bürgerlichen Normen vergleicht. Isenmann 1997, S. 186. Neveux/Österberg 1997, S. 162-173. Schulze 1987, S. 9.
16 Landolt 1996, S. 520.
17 Blickle 2000 I, S. 89-98; Blickle 2000 II, S. 195-216.
18 Blickle 2000 I, S. 106-109.

wobei *Frieden* die Abwesenheit von Fehden bedeutete[19]. Die *Gerechtigkeit* zeigte sich besonders am Begriff der *Freiheit*, welche die Rechtsetzung im Konsens der Gemeinde bezeichnete[20].

Dieses Wertesystem lässt sich durch Begriffe anderer Autoren erweitern, welche jeweils in inhaltlichem Zusammenhang mit den vier genannten Werten BLICKLEs stehen. Diese Begriffe werden innerhalb der semantischen Felder, welche *Gemeiner Nutzen, Hausnotdurft, Friede* und *Gerechtigkeit* vorgeben, behandelt. Hierbei lassen sich dem *Gemeinen Nutzen* die Begriffe des *Landesvaters*, der *guten Ordnung* und der *Not* zuordnen[21]. Eher der semantischen Umgebung der *Hausnotdurft* gehört im kommunalen Zusammenhang die *Ehre* an, welche sich auf die Möglichkeit, die Existenz als Herr seiner Arbeit sichern zu können, bezieht[22]. Dem *Frieden* sind die *Ruhe*[23] und die *Einigkeit* zuzuordnen[24], die *Treue* steht zwischen *Frieden* und *Gemeinem Nutzen*[25]. Zum semantischen Feld der *Gerechtigkeit* gehören die bereits genannte *Freiheit*, das *Recht*[26] und das *Herkommen*[27]. Die *Billigkeit* bildet als „transcendental justice" in Bereichen, die nicht durch Gesetze abgedeckt sind, ein natürliches bzw. göttliches Recht[28].

Für die Begriffe „Wert" und „Norm" haben sich bislang keine festen Definitionen etabliert, welche eine scharfe Trennung ermöglichen würden[29]. In vielen Arbeiten wird keine genaue Definition oder Bedeutungstrennung vorgenommen. BLICKLE ordnet die Normen den Werten unter, insofern Normen die Richtung und Imperative zur Beachtung der Werte vorgeben. Allerdings ist eine scharfe Trennung kaum möglich. So kann beispielsweise der *Friede* sowohl eine Norm für die Erreichung des Wertes *Gemeiner Nutzen* als auch einen Wert mit der Norm der *Gerechtigkeit* darstellen. In dieser Arbeit werden beide Begriffe zumeist synonym verwendet, da eine scharfe Trennung für die Zielsetzung nicht nötig ist. Lediglich im Fall eines gemeinsamen Auftretens sind die Werte als den Normen übergeordnet zu verstehen.

Für das Verständnis der Untersuchung ist ein kurzer Bezug zum historischen Rahmen unvermeidlich. Seit 1351 existierte ein im Bund der „Ur-"Kantone Uri, Schwyz und Unterwalden mit Zürich einheitlich festgelegtes Schiedsverfahren für den Fall von Streitigkeiten in der Eidgenossenschaft[30], welches die „uninteressierten" Orte zur Neutralität und Stellung von Schiedsrichtern verpflichtete. Aus der Praxis dieses Verfahrens und der gemeinsamen Verwaltung der unterworfenen „Gemeinen Herrschaften" ging die Tagsatzung hervor. Diese bezeichnet Im Hof als „halb Gesandtenkongress,

---

19 Ebd., S. 110-116; Blickle 2000 II, S. 154-190.
20 Blickle 2000 I, S. 116-127.
21 Seresse 2002, S. 75-78, 222, 226.
22 Neveux/Österberg 1997, S. 172.
23 Isenmann 1997, S. 189-190.
24 Oexle 2001, S. 76; Neveux/Österberg 1997, S. 173.
25 Seresse 2002, S. 377.
26 Suter 1997, S. 413; Neveux/Österberg 1997, S. 164.
27 Landolt 1996, S. 576.
28 Neveux/Österberg 1997, S. 164.
29 Blickle 2000 I, S. 87f.
30 Peyer 1979, S. 29.

halb Föderationsregierung[31]. Die tieferen Ursachen des Bauernkriegs von 1653 waren wirtschaftliche Probleme der Bauern im Zuge des Wiedererstarkens vom Dreißigjährigen Krieg betroffener Konkurrenzregionen und der gleichzeitigen Erhöhung des Ressourcentransfers der Obrigkeiten aus der Landschaft[32]. Die Unruhe wurde vor allem durch das Luzerner Amt Entlebuch und das Berner Amt Emmental vorangetrieben. Am 26. Februar 1653 schlossen sich zunächst die zehn Luzerner Ämter im „Wolhuser Bund", dann am 30. April die Untertanen Luzerns, Berns, Solothurns und Basels im „Huttwiler Bund" zusammen. Den darauf folgenden Kampf konnten die „Tagsatzungsheere" der zumindest innerhalb ihrer Konfessionen kooperierenden Obrigkeiten vor allem aufgrund der besseren Bewaffnung für sich entscheiden[33]. Der so genannte Erste Villmergerkrieg von 1656 war dagegen ein Konflikt der meisten katholischen Orte mit den wichtigsten reformierten Orten Zürich und Bern um die Struktur der Eidgenossenschaft. In dieser hatten die katholischen Orte seit dem Kappeler Landfrieden von 1531 unter anderem ein Übergewicht in den Gemeinen Herrschaften, da für diese eine Mehrheitsregierung vorgesehen war[34]. Auslöser des Krieges war, wie bereits erwähnt, der Streit um die von katholischer Seite als Wiedertäufergemeinde bezeichnete Gemeinde in Arth[35]. Der folgende Villmergerkrieg endete mit einem überraschenden Sieg der katholischen Orte, den die meisten Historiker in der schlechten Zusammenarbeit auf der reformierten Seite begründet sehen[36].

Die Untersuchung wird getrennt nach den beiden Konflikten vorgenommen, wobei bei den Quellen zum Bauernkrieg diejenigen der Untertanen an Untertanen (interne Quellen) denjenigen der Untertanen an Obrigkeiten (externe Quellen) gegenübergestellt und danach mit den internen und externen Quellen der Obrigkeiten abgeglichen werden. Zum Villmergerkrieg findet zunächst ebenfalls eine Gegenüberstellung der Quellen reformierter mit denen katholischer Herkunft statt. Zuletzt folgt ein Vergleich beider Konflikte.

Die Zielsetzung verlangt die Nutzung eines möglichst breit gefächerten Quellenmaterials, welches durch Flugschriften, obrigkeitliche Mandate, Friedensverträge, Tagsatzungsbeschlüsse, Bundesbriefe der Untertanen, Supplikationen, Lieder und Briefe abgedeckt wird. Dieses breite Spektrum stützt sich auf die „Falkeisenbibliothek"[37], die Amtliche Sammlung der älteren Eidgenössischen Abschiede[38] und die älteren Monographien von Andreas Heusler und Alois Vock[39], welche einen großen Teil der Quellen zum Bauernkrieg enthalten. Es ist zu beachten, dass innerhalb des Untersu-

---

31 Im Hof 1991, S. 51.
32 Suter 1997, S. 319-387.
33 Ebd., S. 276.
34 Suter 1997, S. 555.
35 Guggisberg 2000, S. 680.
36 Gauss/Stoecklin 1953, S. 411; Guggisberg 2000, S. 681.
37 Die Falkeisenbibliothek ist laut Guggisberg ein „wahrer Fundus an alten Drucken und Manuskripten" mit „etwa 2600 Bände[n]" (Guggisberg 2000, S. 52.) in den Beständen der Universitätsbibliothek Basel. Es werden hieraus einige meines Wissens nicht edierte Flugschriften der Jahre 1655 und 1656 entnommen.
38 EA 6,1,1. EA 6,1,2.
39 Heusler 1854; Vock 1831. Obwohl sich bei Vock teilweise keine Quellenkritik findet, ist ein Rückgriff auf dieses Material meines Erachtens legitim, denn die Überprüfung verschiedener Passagen anhand der Eidgenössischen Abschiede ergab, dass Vock die Quellen korrekt und vollständig wiedergegeben hat.

chungszeitraums in der Eidgenossenschaft zwei verschiedene Kalendersysteme benutzt wurden, da sich die reformierten Orte der gregorianischen Kalenderreform im 17. Jahrhundert noch nicht angeschlossen hatten. Diese Arbeit folgt der gregorianischen Datierung der Quellen.

2. Werte und Normen im Bauernkrieg (1653)

Eine Gemeinsamkeit der externen und internen[40] Untertanenquellen im Schweizerischen Bauernkrieg ist die große Bedeutung des semantischen Feldes der *Gerechtigkeit*, in welchem die Aufständischen auch die Legitimation der Einrichtung der Untertanenbünde sahen. Bei genauerer Betrachtung zeigen sich jedoch Unterschiede. So wird in den internen Quellen die *Freiheit* nur einmal genannt[41]. In den externen Quellen spielt sie dagegen insbesondere als *Freiheit* von äußerer Einmischung im Sinne Blickles eine größere Rolle. Dies zeigt der Hinweis, die Untertanen würden Gehorsam leisten, wenn die Obrigkeiten ihre *Freiheiten* und *Rechte* beachten würden[42] oder die Forderung nach der Einrichtung von Landsgemeinden[43]. Dass die *Freiheit* in den internen Quellen kaum zu finden ist, erstaunt bei einem auf den politischen Einfluss der Untertanen konzentrierten Konflikt. Umgekehrt zeigt sich die Verteilung bei der *Billigkeit*. Vor allem im „Wolhuser Bundesbrief" der Untertanen wird häufig Bezug darauf genommen[44]. So könne die Obrigkeit nur dann Gehorsam erwarten, wenn ihr eigenes Verhalten dem entspreche, „was gebührlich, bescheiden und der Billigkeit gemäß"[45] sei. Die *Billigkeit* vertritt hier ein nicht vorhandenes, für die Landleute günstiges, tradiertes Recht, welches für die Untermauerung der Forderungen benötigt wurde. In den externen Quellen tritt dieser Begriff wesentlich seltener auf. Dies liegt darin begründet, dass die Untertanen gegenüber den Obrigkeiten versuchten, in geeigneten *alten Rechten* stärkere Argumente als die *Billigkeit* zu finden. Die *alten Rechte* und das *Herkommen* haben in beiden Typen von Untertanenquellen eine große Bedeutung. Hierbei tritt vor allem die Verletzung dieser Normen durch die Obrigkeit in den Vordergrund[46].

Die Bedeutung des *Friedens* in den internen und externen Quellen ist eng mit der *Einigkeit* verknüpft, wie vor allem die Verweigerung eines Krieges gegen andere Untertanen zeigt[47]. Allerdings tritt dieser Wert in den externen Quellen deutlich seltener auf. In den internen Untertanenquellen stehen die militärische, rechtliche und teilweise die wirtschaftliche *Einigkeit* der Landleute im Vordergrund. Diese zeigt sich beispielsweise in

---

40 Die Bundesbriefe der Untertanen werden als interne Quellen gewertet, da sie zwar den Obrigkeiten bekannt waren, ihre Hauptfunktion allerdings der Aufbau einer politischen und militärischen Organisation der Untertanen war (Suter 1997, S. 202.).
41 Vock 1831, S. 176.
42 Ebd., S. 193.
43 EA 6,1,1, S. 154, vergleiche zudem zur Freiheit in den externen Quellen u.a. Heusler 1854, S. 161, Vock 1831, S. 193, Falk 2916/12, S. [19].
44 Vock 1831, S. 64-69, v.a. S. 67f.
45 Ebd., S. 67.
46 Für die internen Quellen siehe vor allem „Huttwiler" und „Wolhuser Bundesbrief" (EA 6,1,1, S. 163-165; Vock 1831, S. 65-66.), für die externen verschiedene (EA 6,1,1, S. 146, 153; Vock 1831, S. 261, 303; Heusler 1854, S. 169, 171.).
47 EA 6,1,1, S. 164, Heusler 1854, S. 152.

gegenseitigen Hilfsversprechen[48], der Zusage, keinen separaten Abschluss mit der Obrigkeit zu machen, solange nicht jedes Mitglied des Bundes zu seinem Recht gekommen sei[49] und dem Beschluss gegenseitig das Geld zum alten Kurs zu akzeptieren[50]. Die große Bedeutung dieses Wertes für die Untertanen ist mit den Überlegungen Suters zur Lernfähigkeit der Aufständischen, welche mit früheren, einzeln vorgebrachten Forderungen keinen Erfolg hatten, erklärbar[51]. Da die Kraft einzelner Ämter nicht zur Durchsetzung der Forderungen genügte, wurden möglichst große Bünde mit gemeinsamen Zielen aufgebaut und versucht, hier *Einigkeit* aufrechtzuerhalten. Die Begriffe *Friede* und *Einigkeit* wurden somit kaum gegenüber der Obrigkeit gebraucht. Auch die *Treue* ist beinahe ausschließlich in den internen Quellen der Untertanen zu finden[52]. So heißt es im Wolhuser Bundesbrief, dass die Partner „ewiglich einander Treue, Liebe und Hilfe" leisten wollten[53]. Folglich verstanden die Untertanen unter diesem Begriff die *Treue* gegenüber Bundesgenossen und weniger diejenige gegenüber der Obrigkeit.

Die *Hausnotdurft* ist interessanterweise nur einmal in den internen Untertanenquellen im „Entlebucher Tellenlied" zu finden[54]. Obwohl die Abgaben eine wichtige Ursache des Konflikts darstellten, gehen nur die externen Quellen mit Forderungen der Untertanen wie derjenigen nach Abschaffung der Salzsteuer oder der „Stumpflösi" genannten Bauholzgebühr weiter auf sie ein[55]. Dieser Befund lässt sich nur dadurch erklären, dass nach Ausbruch des Konflikts die politischen Forderungen die an Zahl deutlich überlegenen wirtschaftlichen an Bedeutung verdrängten, so dass vor allem hier eine Abstimmung der Untertanen über die Ziele nötig wurde[56]. Die zum semantischen Feld der *Hausnotdurft* gezählte *Ehre* ist in beiden Untersuchungsabschnitten von Bedeutung, wobei sie in den externen Quellen einen der wichtigsten Aspekte darstellt. Die Untertanen bemühten sich um eine Verteidigung ihrer *Ehre* vor der Unterstellung mutwilliger Fehler und Normbrüche durch die Obrigkeiten und forderten beispielsweise den Widerruf des „Badener Mandats"[57], „welches unser Ehr und guotter Namm anthreffen date"[58]. Insgesamt habe die Wortwahl der Vertragswerke und die Bezeichnung der Untertanen als Rebellen die Streitigkeiten verstärkt[59]. Der angetroffene *Ehr*begriff zeigt hier keinen Bezug zur Hausnotdurft wie Blickle ihn annimmt. Stattdessen greift das Konzept von Schreiner und Schwerhoff, die Ehre als einen „verhaltensleitenden Code, als komplexes, höchst wirkmächtiges kommunikatives Regelsystem" zwischen „Konflikt" und „Ord-

---

48 EA 6,1,1, S. 164f.
49 Ebd.
50 Vock 1831, S. 241.
51 Suter 1997, S. 184.
52 EA 6,1,1, S. 165.
53 Vock 1831, S. 67.
54 Ebd., S. 546.
55 Heusler 1854, S. 152f., 164f.; vergleiche auch EA 6,1,1, S. 153.
56 Die Wichtigkeit dieser politischen Forderungen als „die originelle, kreative und programmatische Antwort der Untertanen auf die politische Systemkrise" zeigt Suter auf (Suter 1997, S. 184.).
57 Die hier „Badener Mandat" genannte Quelle ist die „Warnung der Untertanen" vom 22. März 1653 (EA 6,1,1, S. 150-152.).
58 EA 6,1,1, S. 164; vergleiche auch Textstellen Vock 1831, S. 213, 241.
59 Vock 1831, S. 360; Heusler 1854, S. 152.

nung" anzusehen[60], da die Untertanen Wert darauf legten, sich regelkonform verhalten zu haben.

Der *Gemeine Nutzen* hat in allen Untertanenquellen kaum Bedeutung. Es finden sich insgesamt nur drei Textstellen, die sich in einen Zusammenhang mit dem *Gemeinen Nutzen* stellen lassen, wobei der Begriff selbst in keinem Fall explizit genannt wird[61]. Stattdessen ist von „Recht und Bestem", „Stadt Nutzen" und „vätterliche [...] Obrigkeit" die Rede. Die weitgehende Auslassung dieses Begriffs zeigt, dass der *Gemeine Nutzen* im Schweizerischen Bauernkrieg auf Seiten der Untertanen nicht die Funktion als wichtigster kommunaler Wert erfüllte, die Blickle ihm zuschreibt.

Aufgrund der geringen Anzahl interner Obrigkeitsquellen ist ihr Gesamtvergleich mit den externen nicht sinnvoll. So werden nur die wenigen erkennbaren Aspekte dem Vergleich von Untertanen- und Obrigkeitsquellen vorangestellt. Sowohl in den externen als auch in den internen Quellen der Obrigkeiten hat der *Gemeine Nutzen* eine große Bedeutung. In den externen Quellen wird dabei das Handeln der Obrigkeiten als am *Gemeinen Nutzen* orientiert dargestellt[62]. Die Obrigkeiten behaupten aufgrund der Ausrichtung an diesem Wert bereit gewesen zu sein, den Untertanen mehrfach entgegenzukommen und beispielsweise entgegen der Gewohnheit Boten zu den Untertanen zu senden oder einem zweiten Vermittlungsversuch zuzustimmen. Demgegenüber hätten die Untertanen zum Schaden des *Gemeinen Nutzens* gehandelt, wie die dem *Gemeinen Wesen* unzuträgliche Institution des Bauernbundes zeige[63]. Die mehrfache Verwendung dieses Wertes in den internen Quellen sowohl durch den Solothurner Rat als auch durch die innerhalb der Obrigkeit für ein hartes Vorgehen gegen die Untertanen plädierende Basler Geistlichkeit unterstreicht, dass der *Gemeine Nutzen* auch innerhalb der Obrigkeit als Argumentationsfigur Bestand hatte[64].

Eine weitere Übereinstimmung von internen und externen Quellen ist die Verbindung von *Frieden* und *Gemeinem Nutzen*, die häufig gemeinsam in Formeln wie „umb der gemeinen ruhe und wollfahrt willen" genannt werden[65]. In Bezug auf die *Hausnotdurft* ergibt sich jedoch ein wesentlicher Unterschied zwischen internen und externen Obrigkeitsquellen. In den für die Untersuchung zur Verfügung stehenden internen Quellen der Obrigkeiten hat die *Hausnotdurft* keine Bedeutung. In den externen Quellen tritt sie dagegen, vor allem auf Steuern und Grundversorgung bezogen, häufig auf[66]. Es wurde von Obrigkeitsseite sogar der Versuch angekündigt, den Untertanen den ihnen durch Soldaten entstandenen Schaden zu ersetzen[67]. Hier deutet sich bereits eine Begründung für die geringe Bedeutung in den internen Quellen an, da sich die *Hausnotdurft* nur auf die Belange der Untertanen, nicht diejenigen der Obrigkeiten erstreckt.

---

60 Schreiner/Schwerhoff 1995, S. 9.
61 Vock 1831, S. 65, 243; Heusler 1854, S. 157.
62 Falk 2916/12, S. [4, 5, 9]; EA 6,1,1, S. 145, 147, 169.
63 Heusler 1854, S. 179; vergleiche auch Falk 2916/12, S. [8]; EA 6,1,1, S. 170.
64 Vock 1831, S. 210f.; Heusler 1854, S. 182-188.
65 EA 6,1,1, S. 169; vergleiche auch Heusler 1854, S. 183.
66 U.a. EA 6,1,1, S. 158; Vock 1831, S. 304.
67 EA 6,1,1, S. 179.

Die unterschiedliche Bedeutung des *Gemeinen Nutzens* in Quellen der Untertanen und Obrigkeiten ist ein auffälliger Aspekt. Dies gilt umso mehr, als dieser Wert im kommunalen Milieu entstanden ist und laut BLICKLE in Revolten wie dem Bauernkrieg von 1525 ein zentrales Motiv darstellte[68]. In unserem Untersuchungszusammenhang stellt der *Gemeine Nutzen* dagegen keinen Wert der Untertanen mehr dar. Hier zeigt sich das vorläufige Ende einer Entwicklung, die BLICKLE zufolge seit dem 15. Jahrhundert diesen Wert den Adligen und Herrschaften geöffnet habe, so dass im frühen 16. Jahrhundert ein Wechsel des Begriffs „von der kommunalen auf die zentrale Ebene von Königreich und Fürstentum" zu vermerken war[69]. Obwohl die Eidgenossenschaft des 17. Jahrhunderts keinen Fürstenstaat darstellte, scheint der *Gemeine Nutzen* in Fortführung dieser Entwicklung für die Untertanen seine Bedeutung verloren zu haben. Vielmehr belegten die Obrigkeiten die Deutungshoheit dieses Begriffs und machten ihn somit für die Argumentation der Untertanen uninteressant. Weiterhin zeigt sich in den obrigkeitlichen Quellen mehrfach die *Gute Ordnung*[70] und die Verbindung von *Gemeinem Nutzen* und *Guter Ordnung*[71]. Dies unterstreicht die Deutungshoheit der Obrigkeiten über den Begriff des *Gemeinen Nutzens*. Dass der *Gemeine Nutzen* dennoch nicht zu einer bloßen Machtbegründungsformel der Obrigkeiten verkommen war, zeigen die obrigkeitsinternen Verweise auf ihn.

Eine Gemeinsamkeit in der Verwendung durch Obrigkeiten und Untertanen stellt die Wertung der *Gerechtigkeit* dar, auf welche sich beide Parteien häufig beziehen[72]. Für die Untertanen stellten *Gerechtigkeit* bzw. v.a. Un*gerechtigkeit*, welche man „ein Anderen Abthun" wolle[73], zentrale Argumente für den Konflikt und die Einrichtung der Untertanenbünde dar. Die Bedeutung dieses Begriffs ist meines Erachtens im Sachverhalt des Untersuchungsstoffes verankert. Für den durch eine „politische Systemkrise"[74] begründeten Konflikt war das semantische Feld der *Gerechtigkeit* für Meinungsverschiedenheiten und Argumente zentral.

Innerhalb dieses Begriffsfeldes zeigen sich allerdings Unterschiede. Die *alten Rechte* stellen auf Seiten der Obrigkeiten den mit Abstand wichtigsten Aspekt dar. Die Bedeutung zeigt sich in der Vielzahl von Textstellen mit einem Bezug zu *alten Rechten* und *Herkommen*[75]. Eine Erhebung gegen die Obrigkeiten verstoße gegen alle göttlichen und weltlichen *Rechte*[76]. Insgesamt hätten die Untertanen unter dem Vorwand, ihr *altes Recht* werde nicht beachtet, gehandelt, aber selbst diese Norm nicht eingehalten[77]. Die Obrigkeiten hätten dagegen sogar zu Gunsten der Untertanen mehrfach ihr eigenes *Herkommen* zurückgestellt, indem sie beispielsweise die Forderungen illegaler Landsge-

---

68 Blickle 2001, S. 102.
69 Blickle 2000 II, S. 214.
70 Vock 1831, S. 278; EA 6,1,1, S. 151.
71 Heusler 1854, S. 187f.
72 Für die Obrigkeiten vergleiche EA 6,1,1, S. 146; Falk 2916/12, S. [11].
73 EA 6,1,1, S. 165; vergleiche auch Vock 1831, S. 192.
74 Suter 1997, S. 184.
75 Falk 2916/12, S. [4, 6, 7, 9]; Vock 1831, S. 181; EA 6,1,1, S. 146f., 178.
76 EA 6,1,1, S. 150, 169.
77 EA 6,1,1, S. 170.

meinden überprüften[78]. Die Untertanen werteten die *alten Rechte* und das *Herkommen* wie bereits gesehen ebenfalls als wichtig, jedoch wurde die *Billigkeit* ebenso häufig verwendet. Dagegen tritt die *Billigkeit* in den Obrigkeitsquellen in Anzahl und Bedeutung hinter die beiden Begriffe zurück. Allerdings wurde auch sie zur Beurteilung der Forderungen der Untertanen verwendet, wenn die Regierungen beispielsweise angaben, nach Maßgabe der *Billigkeit* die Beschwerdepunkte ausgeräumt zu haben[79]. Diese unterschiedliche Gewichtung lässt sich wiederum mit der Konfliktkonstellation begründen. Da die Untertanen mit ihren Forderungen nicht nur Neuerungen abstellen wollten, sondern kreative Alternativen wie die Bildung eines eigenen politischen Bundes als Gegengewicht zu den Obrigkeiten vorschlugen, konnten sie nicht ausschließlich mit den *alten Rechten* und dem *Herkommen* argumentieren. Deutlich zeigt sich der Zwiespalt der Landleute im Vergleich der internen und externen Quellen. In den internen Quellen übertrifft die *Billigkeit* die *alten Rechte* und das *Herkommen* an Bedeutung. Allerdings stellte die *Billigkeit* gegenüber den Obrigkeiten kein vergleichbar gutes Argument dar, so dass hier andere Aspekte wie das *Herkommen* gegenüber den internen Quellen weiter in den Vordergrund rücken. Die Obrigkeiten dagegen wollten den erreichten Status erhalten und konnten somit gut die *Rechte* als Argument nutzen.

Die *Freiheit* wurde von beiden Seiten nur als *Freiheit* der Untertanen benutzt[80]. Dennoch ist dieser Begriff in den Quellen der Untertanen kein sehr bedeutender Teil der *Gerechtigkeit*.

Der *Friede* wird in den obrigkeitlichen Quellen mehr benutzt als in den Untertanenquellen. So wird beispielsweise als Ziel des „Manifests der Luzerner Obrigkeit" der Erhalt von *Frieden, Einigkeit* und *Vertrauen* angegeben[81]. Aber auch in einem obrigkeitsinternen Schreiben der katholischen Schiedsrichter für den Konflikt zwischen Luzern und seinen Untertanen stehen *Frieden* und *wohlfährtiger Ruhestand* im Zentrum der Argumentation[82]. In den Quellen der Untertanen wird sowohl der Begriff „*Frieden*" als auch „*Einigkeit*" vor allem intern benutzt. Hierbei überwiegt die *Einigkeit*, welche als Grundlage für militärischen, rechtlichen und wirtschaftlichen Erfolg der Untertanen betrachtet wurde. Die Obrigkeiten dagegen benutzten die *Einigkeit* nur als Nebenaspekt des *Friedens* deutlich seltener und bezogen sich dann auf die *Einigkeit* zwischen Aufrührern und Obrigkeiten bzw. *treuen* Untertanen[83]. Die *Treue* wurde wiederum sehr unterschiedlich verwendet. In den Quellen der Regierungen stellt sie den größten, sich zumindest teilweise auf den *Frieden* beziehenden Begriff dar. So wird mehrfach darauf verwiesen, dass die Obrigkeiten zu *Schutz und Schirm* der Untertanen verpflichtet seien, solange sich diese *treu* und *ruhig* gegenüber ihnen verhielten[84]. Die Schuld an dem Konflikt trifft laut „Manifest der Luzerner Obrigkeit" die „untrewen Herzen", welche nicht

---

78 Falk 2916/12, S. [4].
79 EA 6,1,1, S. 152; Falk 2916/12, S. [9].
80 Für die Obrigkeiten: Falk 2916/12, S. [18]. Beispielsweise habe die Stadt Luzern dem Entlebuch durch milde Herrschaftsweise die Freiheit gebracht.
81 Falk 2916/12, S. [13].
82 Ebd., S. [27].
83 Falk 2916/12, S. [10, 11].
84 EA 6,1,1, S. 180; Vock 1831, S. 310; Heusler 1854, S. 181.

mehr von Verstand und *Billigkeit* geleitet seien, sondern von dem, was die *Untreue* ihnen eingebe[85]. Auch das „Mandat wider die Aufrührer" führt an, dass die durch lange Friedenszeit verdorbenen Untertanen sich in Schulden gestürzt hätten, aus denen sie sich nur durch *Untreue* und die Übernahme der Herrschaft glaubten befreien zu können[86]. Insgesamt ist die *Treue* der Landleute hier als wichtige Norm anzutreffen. Innerhalb der Untertanenquellen jedoch wird die *Treue* wie gesehen weniger benutzt. Sie bezieht sich dann nicht auf *Treue* gegenüber der Obrigkeit, sondern gegenüber Bundesgenossen.

Die Begriffe *Hausnotdurft* und *Ehre* wurden dagegen von beiden Parteien in gleicher Weise gebraucht. In beiden Fällen bezog sich die *Hausnotdurft* nur auf die Untertanen. Die *Ehre* stellte für beide Parteien einen wichtigen Begriff dar. Ebenso wie die Untertanen verteidigten die Obrigkeiten ihre *Ehre* vor Verleumdungen, wie in der Begründung für die Verfassung des „Manifests der Luzerner Obrigkeit" und eine weitere Proklamation Luzerns ersichtlich ist[87]. Den Untertanen wird dagegen *ehr*loses Verhalten wie die Misshandlung abgefangener Boten vorgeworfen[88]. Somit ist bei beiden Parteien die kommunale *Ehr*vorstellung, welche mit einer unabhängigen Existenzsicherung verbunden ist, kaum nachzuweisen. Stattdessen tritt die *Ehre* als Regelsystem auf. Die Bedeutung des Begriffes für beide Parteien im Schweizerischen Bauernkrieg wird dadurch deutlich, dass verschiedene Quellen als Entstehungsgrund die Verteidigung der *Ehre* angeben, wobei der jeweils anderen Seite eine Verletzung der *Ehre* vorgeworfen wurde.

Eine weitere Gemeinsamkeit beider Parteien ist die Tendenz, sich selbst als Verteidiger einer Norm bzw. als von dieser geprägt darzustellen, während der Gegenseite deren Verletzung vorgeworfen wurde. Dies betrifft die *Gerechtigkeit*, wobei hier vor allem die *alten Rechte* und das *Herkommen* berührt werden. So hätten die Obrigkeiten den Untertanen „vil Nuwe Ufsätz, Große Stroffen und beschwernußen [...] wider ihr [der Untertanen] Brieff und sigel" auferlegt[89], während diese nur die Einhaltung der *alten Rechte* sichern wollten. Auch der *Frieden* werde von der jeweils anderen Partei gefährdet, wogegen man selbst sich für diesen einzusetzen vorgibt. So verwiesen die Obrigkeiten mehrfach darauf, sich nur zur Erlangung eines *„friedlichen Ruhestands"* auf eine Vermittlung im Konflikt eingelassen zu haben[90]. Die Untertanen wurden dagegen gar als „friedhässig" bezeichnet[91]. Darüber hinaus warfen die Obrigkeiten den Untertanen Verstöße gegen den *Gemeinen Nutzen* vor. Sie selbst kämen zum Wohl des *Gemeinen Nutzens* den Untertanen sogar in ungerechtfertigten Beschwerdepunkten entgegen[92]. Auch in Bezug auf die *Ehre* ist dieses Verhalten festzustellen.

---

85 Falk 2916/12, S. [8, 9].
86 EA 6,1,1, S. 170.
87 Falk 2916/12, S. [3]; Vock 1831, S. 181.
88 EA 6,1,1, S. 171; vergleiche auch Falk 2916/12, S. [8]; EA 6,1,1, S. 150f.
89 EA 6,1,1, S. 165.
90 Falk 2916/12, S. [6]; EA 6,1,1, S. 145.
91 Vock 1831, S. 181. Vergleiche auch EA 6,1,1, S. 171; Vock 1831, S. 278.
92 EA 6,1,1, S. 169.

3. Werte und Normen im Ersten Villmergerkrieg (1655/1656)

Bei der Untersuchung der Quellen zum Ersten Villmergerkrieg sind zunächst Parallelen zwischen den reformierten und den katholischen Schriften auffallend. Beide Seiten gewichteten die vier Werte *Gerechtigkeit*, *Gemeiner Nutzen*, *Frieden* und *Hausnotdurft* in der Argumentation in etwa gleich. Während die *Gerechtigkeit* mit Abstand die größte Bedeutung hatte, treten *Gemeiner Nutzen* und *Frieden* in mittlerer Häufigkeit und die *Hausnotdurft* nur an einer Textstelle auf. Dies lässt sich mit der Art des Konfliktes erklären.

Die *Hausnotdurft* ist von allen vier Begriffen am eindeutigsten auf kleine Gruppen von Personen und auf die Existenzsicherung von Hausgemeinschaften bezogen. Der Villmergerkrieg war jedoch ein Konflikt zwischen einigen reformierten und katholischen Orten. Die einzelnen Personen wie die Mitglieder der Arther Gemeinde wurden in diesem Streit nur für die Zwecke der Konfliktparteien instrumentalisiert. Auch der im Bauernkrieg wichtige Bezug zwischen Steuern und *Hausnotdurft* hatte in diesem Konflikt keine Bedeutung.

Sowohl *Gemeiner Nutzen* als auch *Frieden* hatten im Villmergerkrieg eine beschränkte Funktion. Beide bezogen sich auf die gesamte Eidgenossenschaft und waren gegen die Ausweitung des Konfliktes gerichtet. So behaupteten beide Seiten, alles Erdenkliche für den Frieden wie die Einsetzung von Schiedsrichtern unternommen zu haben[93]. Besonders hervorzuheben ist der gemeinsam verfasste „Dritte Landfrieden", in dem es heißt, der *Frieden* sei „allein aus Liebe und begird zum Ruh und Wolstand des werthen Vatterlandts"[94] geschlossen worden. Beide Begriffe bezogen sich auf die gesamte Eidgenossenschaft und waren gegen die Ausweitung des Konfliktes gerichtet. Dem überwiegenden Teil der Quellen liegt diese Intention nicht zugrunde und sie haben somit nur Bezug zu *Gemeinem Nutzen* und *Frieden*, wenn diese als vom Gegner verletzte Werte auftreten, in deren Diensten die eigene Partei agiere. So habe der eidgenössische Heilige Niklaus von der Flüe, der als „Bruder Claus" mit seinen „Drei Prophezeiungen" auftrat, um 1481 den Schaden des „gemeinen Wesens" durch die kommende Abspaltung der Reformierten vorausgesehen[95]. Die ähnliche Funktion der beiden Begriffe *Gemeiner Nutzen* und *Frieden* im Zusammenhang mit dem Villmergerkrieg wird durch ein häufiges gemeinsames Vorkommen angezeigt.

Die *Gerechtigkeit* verdankt ihre wichtige Rolle im Villmergerkrieg der Tatsache, dass die Interessen beider Parteien um bestehende Verträge und Rechte kreisten. Die Katholiken versuchten, den für sie günstigen Status quo zu erhalten, indem sie die bestehenden Verfahrensweisen als legitim und mit alten Verträgen begründet darstellten. Zürich habe diesen Verfahrensweisen zuwider gehandelt, indem es entgegen dem Kappeler Landfrieden von 1531 der Ausbreitung der Reformierten in den Gemeinen Herrschaften

---

93 Falk 2915/11, S. [3]; Falk 2916/14, S. [3].
94 EA 6,1,2, S. 1636.
95 Falk 2927/7, S. [4].

Vorschub geleistet[96] und dem „Stanser Verkommnis" zuwider die Untertanen eines anderen Ortes aufgehetzt habe[97]. Die Bedeutung dieser Verträge wird in „Der alte Eidgenosse" durch Tell aufgezeigt, der darauf verweist, dass die Eidgenossen mit den alten Bünden gut „gefahren" seien und sich deshalb lieber an die Altvorderen halten sollten anstatt in Streit zu kommen[98]. Im Gegensatz dazu waren die reformierten Orte auf eine Revision vor allem des Kappeler Landfriedens aus und versuchten dementsprechend, den katholischen Widersachern Missbrauch der bestehenden Abkommen und deren Übertretung vorzuwerfen. So werde den Reformierten entgegen besagtem Landfrieden nicht nur keine Beteiligung an der Regierung der Gemeinen Herrschaften zugestanden, sondern man versuche, ihnen dort die Gläubigen abspenstig zu machen[99]. Zudem verstoße Schwyz mit der Ablehnung einer unparteiischen Vermittlung gegen „Uns Eydgnossen harkommen"[100].

Neben der gleichen Gewichtung der semantischen Felder ist der Versuch, der jeweils anderen Partei Bruch und Verletzung bestehender Werte zu unterstellen, die erste von weiteren Parallelen in der Argumentation beider Seiten. Zumeist wurde dieser Versuch noch verstärkt durch die Behauptung, man selbst habe sich gerade um diesen Wert verdient gemacht. So warfen sich beide Parteien wie gesehen gegenseitig den Bruch *alter Rechte* bzw. des *Herkommens* vor. Ebenso werde die *Freiheit* von der jeweils anderen Seite gefährdet, wobei beide Seiten vorgaben, die *Freiheit* zu achten[101]. In der katholischen Schrift „Thurgauischer Berchtoldsfeiertag" heißt es, die reformierten Versuche zur Einschränkung der *Freiheit* seien so schlimm, dass es besser sei, wieder unter einem Kaiser zu leben, der lasse „ein jeden by syner Relion und Rechten bliben"[102]. Zudem rechtfertigten beide Konfliktparteien ihr eigenes Vorgehen als „abgetrungene [...] Nothwehr nach aller Billichkeit"[103]. Hierbei bezieht sich die *Notwehr* als *billiges* Verhalten nicht auf die Hausnotdurft, da sie nicht an das Haus gebunden ist. Die *Einigkeit* werde von der jeweiligen Partei geschützt, wobei die Gegenseite diese beispielsweise durch den katholischen Sonderbund bzw. die Einmischung in den Artherhandel gefährde[104]. Auf beiden Seiten ist hierbei die *Einigkeit* der gesamten Eidgenossenschaft, nicht der eigenen Partei gemeint. Weiterhin sei die für die alten Bünde wichtige *Treue* von der jeweils anderen Partei nicht eingehalten worden[105].

Katholiken und Reformierte warfen sich gegenseitig vor, unwahre *ehr*verletzende Behauptungen zu verbreiten. Die katholischen Orte sahen eine Minderung ihrer *Ehre* durch die Schuldzuweisung am Kriegsausbruch gegeben[106]. Zugleich wird in ihren Schriften die Gegenseite durch eine Vielzahl von Vorwürfen wie der Ermordung von Frauen und

---

96 Falk 2916/13, S. [5].
97 Falk 2914/8, S. [6]; Falk 2916/14, S. [8].
98 Falk 2916/15, S. [3]; Falk 2916/13, S. [5].
99 Falk 2915/11, S. [3-4]; vergleiche auch Ebd., S. [5].
100 Ebd., S. [7].
101 Falk 2916/14, S. [3, 7]; Falk 2915/11, S. [8]; Falk 2916/19, S. [6].
102 Falk 2916/18, S. [5].
103 Falk 2915/11, S. [8]; vergleiche Falk 2916/14, S. [3, 13].
104 Falk 2915/11, S. [7]; Falk 2914/8, S. [5].
105 Falk 2916/13, S. [6, 10]; Falk 2916/19, S. [12].
106 Falk 2916/13, S. [3].

Kindern in ihrer *Ehre* angegriffen[107]. Auch würden die reformierten Orte versuchen, „die Einfa(e)ltige Underthonen" aufzuwiegeln, indem von einem gegen Zürich gerichteten Schmähbrief im Turm von Luzern die Rede ist[108]. Als Antwort auf katholische Schriften wurde ein „Bericht und Erinnerung" von reformierter Seite „zu rettung der Ehren" verfasst und den Katholiken unter anderem „sachen[,] die man auch an barbarischen Leuthen und Menschenfressern billich schiltet"[109] vorgeworfen. Auch wurde die Behauptung, die reformierten Orte hätten den Krieg unangekündigt begonnen, mit dem Hinweis zurückgewiesen, dass es gerade anders gewesen sei, da die katholische Partei mit dem Bruch von Recht und Bünden den Krieg eröffnet habe[110]. Somit ist ersichtlich, dass die *Ehre* hier wie im Bauernkrieg als Regelcode und nicht in der „kommunalen" Form verwendet wird und eine große Rolle spielt. Verteidigungsschriften der eigenen *Ehre* erweiterten sich zu Angriffen auf jene des Gegners und riefen so wiederum eine Gegenschrift hervor. Dies ist beispielsweise bei dem „Manifest der evangelischen Orte"[111] und dem „Contramanifest"[112] oder bei der „Deduction"[113] und dem „Bericht und Erinnerung"[114] der Fall.

Zu den Unterschieden in der Verwendung von Werten und Normen durch die konfessionellen Konfliktparteien ist ein interessanter Aspekt im semantischen Feld der *Gerechtigkeit* festzustellen. Der Begriff *Billigkeit* ist in den reformierten Quellen deutlich häufiger anzutreffen als in den katholischen. So wurde die Forderung nach der Aussetzung der Prozesse gegen die Arther während des laufenden eidgenössischen Streits um das korrekte Verfahren mit der *Billigkeit* begründet[115]. Auch die Enteignung der geflohenen Arther widerspreche der *Billigkeit*[116]. In den katholischen Quellen wird dieser Begriff dagegen nur zur Unterstreichung der alten Rechte genutzt[117]. Somit erfüllt die *Billigkeit* die von Neveux und Österberg angenommene Funktion als „transcendental justice"[118] nur in den reformierten Quellen. Umgekehrt werden in den katholischen Quellen die *alten Rechte* öfter genannt und mit ihnen ein Fehlverhalten der Reformierten belegt wie im Fall der Einmischung Zürichs in interne Angelegenheiten Schwyz'[119]. Dieser Befund zeigt, wie die jeweilige Partei selektiv die geeigneten Begriffe heraussuchte, um der Gegenseite *ungerechtes* Verhalten vorwerfen zu können und das eigene Vorgehen zu rechtfertigen. Die *alten Rechte* eigneten sich für die katholische Seite als Argumentationsfigur besser, da diese für sie günstige Festschreibungen enthielten. Das wichtigste Beispiel ist der Landfrieden von 1531, der nach dem Sieg bei Kappel über Zürich den Katholiken einen bestimmenden Einfluss in den gemeinsam verwalteten Gemeinen Herrschaften sicherte. Aus diesem Grund waren die *alten Rechte* für die re-

---

107 Falk 2916/14, S. [13]; vergleiche auch Falk 2916/13, S. [10].
108 Falk 2914/8, S. [6-7].
109 Falk 2916/19, S. [3, 11].
110 Ebd., S. [6].
111 Falk 2915/11.
112 Falk 2916/13.
113 Falk 2921/9.
114 Falk 2916/19.
115 EA 6,1,1, S. 277.
116 EA 6,1,2, S. 1635; vergleiche auch Falk 2915/11, S. [5, 8].
117 U.a. Falk 2916/13, S. [9]; Falk 2916/14, S. [14].
118 Neveux/Österberg 1997, S. 164.
119 Falk 2914/8, S. [6]; Falk 2916/14, S. [8].

formierten Orte keine vergleichbar naheliegende Argumentationsfigur wie für die katholischen. Dagegen nutzten die Reformierten mit dem Begriff der *Billigkeit* ein Gegengewicht in dem entscheidenden Feld der *Gerechtigkeit*. Eine Argumentation mit dem *Gemeinen Nutzen*, dem *Frieden* oder der *Hausnotdurft* ließ sich mit dem Ziel einer Machtverlagerung, die nur über Gewalt erreicht werden konnte, kaum verbinden.

Beide Seiten warfen sich gegenseitig den Bruch des Kappeler Landfriedens vor. Dies scheint auf den ersten Blick widersprüchlich zu sein. Bei genauerer Betrachtung handelt es sich allerdings um verschiedene Aspekte des Vertrages. Während die reformierten Orte den katholischen vorwarfen, sich nicht an die im Landfrieden festgelegte unparteiische Regierungsweise in den Gemeinen Herrschaften zu halten[120], verwiesen diese wiederum auf die ebenfalls dort vorgesehene Strafe an Leib und Leben für den Abfall vom katholischen Glauben, welche Zürich mit seiner Einmischung missachte[121]. Somit konnte sich jede Seite mit einer gewissen Berechtigung auf den Bruch des Vertrages durch die Gegenseite beziehen.

Ähnlich verhielt es sich bei den Begriffen des *Herkommens* und der *Freiheit*. Die Zürcher warfen den Schwyzern die Missachtung des eidgenössischen *Herkommens* vor, weil sie einen Schiedsspruch nicht akzeptieren wollten[122]. Diese reagierten ebenfalls mit einem Verweis auf den gleichen Begriff, indem sie die Souveränität Schwyz', welche über dem Schiedsverfahren stehe, mit dem Hinweis auf die Privilegierung durch verschiedene Kaiser und Könige begründeten[123]. Auch mit der *Freiheit* hat es eine ähnliche Bewandtnis. Wiederum warfen sich beide Parteien eine Missachtung dieses Wertes vor. Dabei bezogen sich die Reformierten auf die *Freiheit* der Einzelpersonen, in diesem Fall das Recht auf die freie Wahl des Glaubens durch die Arther[124]. Die Katholiken meinten mit demselben Begriff die Glaubens*freiheit* der Orte[125]. Während also die Schwyzer die Einmischung in den Artherhandel als Vergehen gegen ihre *Freiheit* zur Selbstbestimmung empfanden, sahen die Zürcher denselben Akt als eine Aktion zum Schutz der *Freiheit* der Arther Gemeinde zur Selbstbestimmung der Konfessionszugehörigkeit.

Somit verstanden es beide Parteien, die jeweils ihrer Argumentation förderlichen Aspekte des Werte- und Normensystems für sich zu nutzen. Dabei füllten sie häufig dieselben Begriffe mit unterschiedlichem Inhalt. Es konnte sogar derselbe Vertrag von beiden Seiten für sich genutzt werden, indem man sich auf verschiedene Aspekte bezog. Insgesamt ist für den Ersten Villmergerkrieg zwischen den Konfliktparteien ein regelrechter Kampf um die zentralen Begriffe im Umfeld der *Gerechtigkeit* festzustellen.

---

120 Falk 2915/11, S. [4].
121 Falk 2914/8, S. [4]; Falk 2916/14, S. [9].
122 Falk 2915/11, S. [7].
123 EA 6,1,1, S. 277.
124 Falk 2916/19, S. [6f.].
125 Falk 2916/13, S. [4].

4. Die Verwendung der Werte und Normen im Vergleich

Der Bauern- und der Villmergerkrieg gehören zwei unterschiedlichen Typen von Konflikten an, da es sich beim ersten um einen Kampf von Obrigkeiten gegen Untertanen und beim zweiten um einen Kampf zwischen den Orten handelte. Hierbei standen im Villmergerkrieg auf beiden Seiten sowohl Obrigkeiten als auch Untertanen, im Wesentlichen handelte es sich jedoch um einen Interessenkonflikt der Obrigkeiten untereinander, der diesen Krieg auslöste.

Als wichtiger Unterschied zwischen beiden Konflikten ist zu vermerken, dass im Bauernkrieg eine unterschiedliche Gewichtung der Werte vorgenommen wurde, während im Villmergerkrieg beide Parteien den einzelnen Werten jeweils ähnliche Bedeutung zukommen ließen. So gab es im Bauernkrieg im Bezug auf den *Gemeinen Nutzen* eine Differenz. Dies lässt sich damit erklären, dass der *Gemeine Nutzen* für die Untertanen keinen verwendbaren Wert darstellte, da er inhaltlich durch die Obrigkeiten belegt war. Im Villmergerkrieg dagegen hatten beide Parteien die gleiche Wertebelegung, da beide aus Obrigkeiten bestanden. Die Gewichtung der einzelnen Werte wurde jedoch auch von der Art des Konfliktes beeinflusst. Die *Hausnotdurft* wird in den Quellen zum Villmergerkrieg nicht verwendet. Im Gegensatz dazu gibt es in den Quellen beider Seiten zum Bauernkrieg mehrere Verbindungen zu diesem Wert. Dies hängt damit zusammen, dass die *Hausnotdurft* nur in Bezug auf die Untertanen verwendet wurde. So gab es keine festgelegte Gewichtung für einzelne Werte durch die Obrigkeit, sondern eine auf den jeweiligen Konflikt bezogene Anpassung. Eine solche Anpassung ist beispielsweise die große Bedeutung der *Treue* in den Obrigkeitsquellen zum Bauernkrieg. Auch die häufigere Verwendung der *Freiheit* durch die Obrigkeiten im Villmergerkrieg ist in diesem Zusammenhang zu sehen. Im Bauernkrieg bezog sich die *Freiheit* auf diejenige der Landleute, für welche die Regierungen keinen Grund sahen einzutreten. Dagegen hatte derselbe Wert im Villmergerkrieg zwar ebenfalls die Bedeutung unabhängiger Selbstverwaltung, betraf jedoch auf beiden Seiten Gruppen, für die ein Schutzinteresse bestand, bzw. die Obrigkeit selbst.

Am Beispiel der *Freiheit* zeigt sich noch ein anderes Phänomen, welches in beiden Konflikten auftrat. Im Villmergerkrieg warfen beide Parteien einander eine Verletzung dieses Wertes vor, indem sie sich auf ein jeweils anderes Verständnis von *Freiheit* bezogen. Die reformierten Orte argumentierten mit der *Freiheit* einzelner Gemeinden, die katholischen mit derjenigen der Orte. So konnten beide Seiten ihre Behauptungen untermauern. Ähnliches zeigt sich bei den Begriffen *Frieden* und *Einigkeit* im Bauernkrieg. Während die Obrigkeiten den Untertanen einen Bruch dieser Werte vorwarfen, da diese Zwietracht zwischen ihnen säen würden, gaben die Untertanen vor, zum Wohl von *Frieden* und *Einigkeit* zu handeln. Hierbei verstanden die Landleute darunter, anders als die Obrigkeiten, *Frieden* und *Einigkeit* untereinander bzw. gegenüber anderen Ämtern oder Orten. Dieser Sachverhalt zeigt sich auch in Bezug auf die *Gerechtigkeit*. In beiden Konflikten argumentierte eine Seite, die Untertanen bzw. die reformierten Orte, stärker mit der *Billigkeit*, als die andere, die Obrigkeiten bzw. die katholischen Orte, welche wiederum stärker die *Rechte* und das *Herkommen* ins Feld führte. Somit suchte sich jede

Partei die für sie günstigeren Aspekte eines Wertes heraus, was sich auch *Freiheit*, *Frieden* und *Einigkeit* betreffend gezeigt hatte.

Beide Konflikte kennzeichnen weitere Parallelen. Die *Gerechtigkeit* gehörte jeweils zu den wichtigsten Werten, wobei sie im Fall des Villmergerkriegs diese Position alleine einnahm. Dies deutet darauf hin, dass dieser Wert für Konflikte von zentraler Bedeutung war. Allerdings ist dabei zu bedenken, dass sowohl der Bauern- als auch der Villmergerkrieg um *Rechte* der Kriegsparteien kreisten. Obwohl der Schweizerische Bauernkrieg aus anderen Gründen ausbrach, waren auch hier die politischen Forderungen der Landleute bald die wichtigsten[126]. Somit könnte sich in anderen Konflikten durchaus die Vorrangstellung der *Gerechtigkeit* zu Gunsten eines anderen semantischen Feldes geändert haben. Auch die Verbindung von *Gemeinem Nutzen* und *Frieden* ist in beiden Konflikten feststellbar. Dabei gilt dies nur für die Obrigkeiten, da die Untertanen den *Gemeinen Nutzen* kaum verwendeten. In beiden Kriegen bezeichneten *Gemeiner Nutzen* und *Frieden* einen ähnlichen Sachverhalt, da der *Frieden* den *Gemeinen Nutzen* gewährleistete. Eine Legitimation des Krieges mit dem *Gemeinen Nutzen* ist in den Quellen nicht zu finden.

Die *Ehre* ist in den untersuchten Krisensituationen kaum im Sinne der kommunalen *Ehre* zu finden, wie sie NEVEUX und ÖSTERBERG annehmen[127]. Stattdessen handelten alle Konfliktparteien in beiden Konflikten nach den Prinzipien eines verhaltensregulierenden *Ehr*begriffs. Dieser *Ehr*begriff ist dabei in den untersuchten Quellen von großer Bedeutung und liefert für einige das Entstehungsmotiv. Somit zeigt sich, dass auch in der Eidgenossenschaft der kommunale *Ehr*begriff nicht der einzige war und auch nicht typisch kommunale Elemente durchaus die Handlungsweise kommunaler Gruppen beeinflussen konnten.

Eine weitere Parallele aller untersuchten Konfliktparteien stellt der Umgang mit Werten und Normen in Zusammenhang mit dem jeweiligen Gegner dar. Dieser wurde als Störer von Werten und Normen dargestellt. Die negative Sichtweise des Gegners bleibt nur in Quellen aus, die zur Beilegung des Konfliktes beitragen sollten. Dagegen zeichneten alle Parteien von sich selbst ein Bild des Verteidigers jener Werte. Im Zusammenhang mit dieser Vorgehensweise wurde verstärkt das Mittel der Konzentration auf einzelne, der eigenen Seite genehme Aspekte genutzt, um dem Gegner eine Werteverletzung unterstellen zu können. Ein gutes Beispiel bietet wiederum das Verhältnis von *Gerechtigkeit*, *Billigkeit* sowie *alten Rechten* und *Herkommen*.

---

126 Suter 1997, S. 184f.
127 Neveux/Österberg 1997, S. 172.

5. Schluss

Zunächst sind die überraschenden Abweichungen der Verwendung einzelner Begriffe von den theoretischen Vorlagen der Arbeit, insbesondere die Bedeutung des *Gemeinen Nutzens* für die Untertanen und die Verwendungsart der *Ehre* betreffend, festzuhalten. Allerdings sollen hier nicht alle Ergebnisse erneut aufgezählt, sondern Schlussfolgerungen gezogen werden.

Wurde zu Beginn die Frage nach dem bewussten Umgang mit Werten und Normen und deren Ausnutzung durch verschiedene Konfliktparteien gestellt, so lässt sich als Ergebnis der Untersuchung festhalten, dass drei Aspekte die erkennbar zielgerichtete Verwendung der Begriffe durch die Konfliktparteien prägten. Diese sind erstens eine gruppenspezifische Gewichtung der Werte, zweitens die Ursachen und wesentlichen Streitpunkte des Konfliktes sowie drittens die Beschränkung bei der Verwendung von Begriffen durch die Ausrichtung auf die jeweilige Gegenseite.

Der erste Aspekt lässt sich am Beispiel des *Gemeinen Nutzens* darstellen. Dieser wurde im Bauernkrieg durch die Obrigkeiten und im Villmergerkrieg von beiden Parteien angeführt. Die Untertanenquellen hingegen nennen den *Gemeinen Nutzen* so gut wie nicht und in keinem der seltenen Fälle explizit. Somit scheint der *Gemeine Nutzen* um die Mitte des 17. Jahrhunderts nicht in das Werterepertoire der Untertanen gehört zu haben. Für die Obrigkeiten hingegen stellte dieser Begriff einen zentralen und auch intern benutzten Wert dar, wie die Untersuchung der internen Obrigkeitsquellen gezeigt hat.

Die Bedeutung der Konfliktinhalte für die Verwendung der Werte zeigt sich am Beispiel von *Gerechtigkeit* und *Hausnotdurft*. In beiden Konflikten wurde die *Gerechtigkeit* durch alle Parteien als einer der wichtigsten Werte verwendet. Dies liegt darin begründet, dass jeweils rechtliche Aspekte für den Streit von wesentlicher Bedeutung waren. Im Villmergerkrieg, in welchem in den meisten Quellen die Herbeiführung des Krieges als Ziel feststellbar ist, standen alle anderen Werte eindeutig hinter der *Gerechtigkeit* zurück. Sowohl *Gemeiner Nutzen* als auch *Frieden*, die in engem Zusammenhang verwendet wurden, waren für dieses Ziel schlecht geeignet. Ein weiteres Beispiel ist die *Hausnotdurft*, deren Verwendung in beiden Kriegen sehr unterschiedlich war. Im Bauernkrieg, dessen Ursachen stark mit der Abgabenpolitik verknüpft waren, verwiesen die Obrigkeiten mehrfach auf diesen Begriff. Dagegen wurde die *Hausnotdurft* im Villmergerkrieg nicht verwendet, da sie sich nur auf die Belange der Untertanen bezog.

Die Möglichkeiten der Verwendung von Werten beeinflussten deren Auswahl maßgeblich, wie insbesondere der Begriffsbereich der *Gerechtigkeit* zeigt. In beiden Konflikten ist festzustellen, dass eine Partei stärker die *alten Rechte* und das *Herkommen* betonte, während die andere wiederum die *Billigkeit* häufiger verwendete. Sowohl die Untertanen im Bauernkrieg als auch die reformierten Orte im Villmergerkrieg nutzten die *Billigkeit*, um im wesentlichen Begriffsfeld der *Gerechtigkeit* der Gegenseite etwas entgegensetzen zu können. Dies war nötig, da sowohl die Obrigkeiten im Bauernkrieg als auch die katholischen Orte im Villmergerkrieg bessere Möglichkeiten hatten, sich auf die *alten Rechte* zu berufen. Dass dieses Verhalten als ein Ausweichen anzusehen ist, zeigt die starke Betonung der wenigen für sie nutzbaren Aspekte des *Herkommens* durch die Untertanen. Die Verwendung der Werte nach den eigenen und gegnerischen Möglichkeiten zeigt sich auch in der unterschiedlichen Betonung verschiedener Aspekte eines Begriffs. Beispiele sind die *Einigkeit* der Untertanen gegen die *Einigkeit* zwischen Untertanen und Obrigkeiten im Bauernkrieg sowie die *Freiheit* einzelner Gemeinden gegen die *Freiheit* der Orte im Villmergerkrieg.

Diese Ergebnisse zu verallgemeinern, indem ein Vergleich eidgenössischer und anderer Quellen vorgenommen wird, muss Sache einer anderen Untersuchung bleiben. Interessant wäre in diesem Zusammenhang insbesondere der Vergleich der Verwendung von Werten und Normen durch eidgenössische Obrigkeiten mit derjenigen der Fürsten und Adligen, da sich zwischen eidgenössischen Untertanen und Obrigkeiten trotz gemeinsamer kommunaler Herkunft Differenzen gezeigt haben. Die Regierungen benutzten Begriffe wie *Gemeiner Nutzen* in Verbindung mit der *guten Ordnung* oder *Treue* in einer Art, die an die Verwendung durch Fürsten erinnert. Ihr Verweis darauf, dass laut Bibel den Untertanen niemals ein Infragestellen der Obrigkeit zukomme[128], stellt vor dem Hintergrund des Entstehens dieser Obrigkeiten aufgrund einer Befreiung von feudaler Herrschaft einen Widerspruch dar. Dieser Widerspruch und eine mögliche Annäherung eidgenössischer Obrigkeiten an die fürstliche Praxis bzw. die Differenzen in der Verwendung von Werten und Normen sollten untersucht werden.

Es bleibt abschließend festzuhalten, dass die These einer zielgerichteten Nutzung der Werte und Normen durch die Konfliktparteien von den Untersuchungsergebnissen unterstrichen wird. Dies gilt auch für die Untertanen, wie die Unterschiede in den internen und externen Quellen zeigen. Allerdings geschah die Verwendung der Werte auf der Basis eines gruppeninternen Wertesystems, welches den Zugang zu bestimmten Begriffen erleichterte und zu anderen erschwerte.

---

128 Falk 2916/12, S. [11f.]. 4.Mos.16; 4.Mos.21.

Quellenverzeichnis

Amtliche Sammlung der älteren Eidgenössischen Abschiede. Serie 1245-1798. Bd. 6,1,1, zit.: EA 6,1,1. Bd. 6,1,2, zit.: 6,1,2. Verschiedene Erscheinungsorte 1839-1890.

Falkeisenbibliothek. Basel. Unpaginiert. Falk 1716/6: „Ein schönes neues Lied vom Tell". Falk 2914/8: „Thurgauische Kunkelstuben". Falk 2915/11: „Manifest der evangelischen Orte". Falk 2916/12: „Manifest der Luzerner Obrigkeit". Falk 2916/13: „Contramanifest". Falk 2916/14: „Widerlegung". Falk 2916/15: „Der alte Eidgenosse". Falk 2916/18: „Thurgauischer Berchtoldsfeiertag". Falk 2916/19: „Bericht und Erinnerung". Falk 2921/9: „Deduction". Falk 2927/7: „Drei Prophezeiungen". Diese Titel sind festgelegte Arbeitstitel, die Drucke selbst weisen keine eigentlichen Titel aus. Die Quellen wurden auf Grundlage von Guggisbergs „Das Bild des „alten Eidgenossen" in Flugschriften des 16. bis Anfang des 18. Jahrhunderts (1531-1712)" mit Kurztiteln für die Fußnoten versehen, welche durch die Signatur der einzelnen Schriften in der Universitätsbibliothek vorgegeben wurden. Falk 2916/14 entspricht dem Kurztitel Falk 105a/1 bei Guggisberg 2000. Da die Flugschriften unpaginiert sind, wurden für die Untersuchung Seitenzahlen vergeben. Alle Quellen entstammen den Jahren 1655 und 1656.

Heusler 1854 = Andreas Heusler: Der Bauernkrieg von 1653 in der Landschaft Basel, Basel 1854.

Vock 1831 = Alois Vock: Der Bauernkrieg von 1653 oder der große Volksaufstand in der Schweiz, Aarau 1831.

Literaturverzeichnis

Blickle 2000 = Peter Blickle: Kommunalismus. Skizzen einer gesellschaftlichen Organisationsform, Bd. 1, 2, München 2000.

Blickle 2001 = Peter Blickle: Der Gemeine Nutzen. Ein kommunaler Wert und seine politische Karriere, in: Gemeinwohl und Gemeinsinn. Historische Semantiken politischer Leitbegriffe, hgg. von Herfried Münkler und Harald Bluhm, Berlin 2001. S. 85-108.

Gauss / Stoecklin 1953 = Julia Gauss und Alfred Stoecklin: Bürgermeister Wettstein. Der Mann – Das Werk – Die Zeit, Basel 1953.

Guggisberg 2000 = Daniel Guggisberg: Das Bild des „alten Eidgenossen" in Flugschriften des 16. bis Anfang 18. Jahrhunderts (1531-1712). Tendenzen und Funktionen eines Geschichtsbildes, Bern 2000.

HSG 1972 = Handbuch der Schweizer Geschichte, Zürich 1972.

Im Hof 1991 = Ulrich Im Hof: Geschichte der Schweiz, Stuttgart 1991.

Isenmann 1987 = Eberhard Isenmann: Norms and Values in the European City, 1300-1800, in: Resistance, Representation and Community, hgg. von Peter Blickle, Oxford 1997, S. 185-215.

Landolt 1996 = Niklaus Landolt: Untertanenrevolten und Widerstand auf der Basler Landschaft im 16. und 17. Jahrhundert, Liestal 1996.

Neveux / Österberg 1997 = Hugues Neveux / Eva Österberg: Norms and Values of the Peasantry in the Period of State Formation. A Comparative Interpretation, in: Resistance, Representation and Community, hgg. von Peter Blickle, Oxford 1997, S. 155-184.

Oexle 2001 = Otto Gerhard Oexle: Konflikt und Konsens, in: Gemeinwohl und Gemeinsinn. Historische Semantiken politischer Leitbegriffe, hgg. von Herfried Münkler und Harald Bluhm, Berlin 2001, S. 65-84.

Peyer 1979 = Hans Conrad Peyer: Verfassungsgeschichte der alten Schweiz, Zürich 1979.

Schreiner / Schwerhoff 1995 = Klaus Schreiner / Gerd Schwerhoff: Verletzte Ehre. Überlegungen zu einem Forschungskonzept, in: Verletzte Ehre. Ehrkonflikte in Gesellschaften des Mittelalters und der Frühen Neuzeit, hgg. von dies., Köln – Weimar – Wien 1995, S. 1-28.

Schulze 1987 = Winfried Schulze: Vom Gemeinnutz zum Eigennutz. Über den Normenwandel in der ständischen Gesellschaft in der Frühen Neuzeit, München 1987.

Seresse 2005 = Volker Seresse: Politische Normen in Kleve-Mark während des 17. Jahrhunderts. Argumentationsgeschichtliche und herrschaftstheoretische Zugänge zur politischen Kultur der frühen Neuzeit, Epfendorf/Neckar 2005.

Simon 1981 = Christian Simon: Untertanenrevolten und obrigkeitliche Moralpolitik. Studien zum Verhältnis zwischen Stadt und Land im Ausgehenden 18. Jahrhundert am Beispiel Basels, Basel / Frankfurt a.M. 1981.

Suter 1997 = Andreas Suter: Der schweizerische Bauernkrieg von 1653. Politische Sozialgeschichte – Sozialgeschichte eines politischen Ereignisses, Tübingen 1997.

Die „Krauthoffaffäre" von 1642 in Schleswig-Holstein-Gottorf.
Politische Argumente in einem ständisch-landesherrlichen Konflikt.

Jörg Ludolph

1. Einleitung

Am 28. Januar 1642 ließ Herzog Friedrich III. von Schleswig-Holstein-Gottorf den Landsyndikus der Ritter- und Landschaft, Christopher Krauthoff, verhaften.[1] Wie war es dazu gekommen? In einer von Krauthoff konzipierten, Salvationsschrift[2] genannten Eingabe an ihre beiden Landesherren, Christian IV. von Dänemark und Friedrich III., hatten Prälaten und Ritterschaft am 19. Januar 1642 mit für Schleswig-Holstein z.T. ungewohnten und neuen Argumenten die Beachtung ihres Indigenatsrechts durch den Gottorfer Herzog gefordert. Dabei hatten sie ihm mittels eines Zitats von Christoph Besold[3] den Vorwurf der Tyrannis gemacht und ein Widerstandsrecht der Stände behauptet. Die Ereignisse im Januar und Februar 1642 bezeichnete Adolf Ipsen in seinem Überblickswerk über die schleswig-holsteinischen Landtag als „Krauthoffsche Katastrophe".[4]

Die Ereignisse und Diskussionen um die Krauthoffaffäre berührten die Ebene der politischen Theorie der Zeit, jene der angewandten politischen Sprache im Territorium sowie die Ebene der materiellen Machtverhältnisse. Die Affäre liegt damit im Schnittpunkt dreier Ebenen. Der Schwerpunkt dieser Untersuchung liegt auf der zweiten Ebene, also bei der Sprache in den politischen Diskussionen vor Ort. Sie soll demnach auch ein Beitrag zur Untersuchung der argumentativen Auseinandersetzung von Territorialfürsten und ihren Ständen sein, die bisher noch nicht in größerem Maße bearbeitet wurde.[5] Es wird dementsprechend die Frage gestellt, wie argumentiert wurde und ob erfolgreich argumentiert wurde.

Die Untersuchung der politischen Argumente vor Ort zielt auf das Verständnis der politischen Kultur in Schleswig-Holstein im 17. Jahrhundert. Politische Kultur wird hierbei als die politisches Handeln regulierenden Ideen und Verhaltensmuster verstanden, welche sich in Begriffen und Argumenten[6] der politischen Sprache erkennen lassen.[7] Das sprachlich-kulturelle Bedeutungsgeflecht ist dabei dem einzelnen Sprecher vorgegeben und zugleich von ihm beeinflusst, so dass die Argumente und Begriffe als Faktoren und Indikatoren der politischen Kultur verstanden werden können.[8] Auf die Situation in

---
1 LAS Abt.400.5 Nr.47, S. 530f.
2 LAS Abt.400.5 Nr.47, S. 508-524.
3 Der Professor der Jurisprudenz und Politik Christoph Besold (1577-1638) war ein Verteidiger landständischer Rechte (Dreitzel 1992, S. 36ff).
4 Ipsen 1852, S. 230ff.
5 Seresse 2005, S. 84; Eßer 2004, S. 80.
6 An dieser Stelle sei auf Heiner Schultz verwiesen, der die Ausweitung der Begriffsgeschichte zu einer Argumentationsgeschichte forderte (Schultz 1978, S. 69).
7 Reinhard 2000, S. 19; Reinhard 2001, S. 594f.
8 Koselleck 1972, S. XIV; Koselleck 1978, S. 29; Stollberg-Rilinger 2005, S. 11. Dass sprachliche Kommunikation weltveränderndes Handeln sein kann und zudem gerade politische Auseinandersetzungen zu

Schleswig-Holstein bezogen bedeutet dies, dass Ritterschaft und Prälaten mit der ausführlichen Argumentation in der Salvationsschrift ihre Vorstellung über das Verhältnis von Landesherr und Landständen durchsetzen wollten. Anders formuliert liegt hier ein Versuch der Beeinflussung von politischer Kultur vor.

Damit fallen die Ereignisse um die Krauthoffaffäre auch mitten in die allgemein wahrgenommenen Veränderungen von Herrschaft im 17. Jahrhundert, sprich die intensivierte Entwicklung frühmoderner europäischer Staatlichkeit. Diese Entwicklung war nicht zuletzt von argumentativen Auseinandersetzungen zwischen Landesherren und Landständen geprägt, in denen die jeweiligen Grundpositionen neu ausgehandelt werden mussten.[9] In diesem Sinne kann auch der Konflikt der Landesherren mit der Ritterschaft verstanden werden.

Sehr hilfreich für diese Arbeit ist es, dass bereits einige vor allem sach- bzw. ereignisgeschichtliche Arbeiten zur schleswig-holsteinischen Geschichte im Umfeld der Krauthoffaffäre vorliegen. Hiervon sei als erstes OTTO OPETs Beitrag[10] genannt, der sich dem Geschehen um Krauthoff aus einer rechtshistorischen und biographischen Perspektive näherte. Nicht nur für die sachgeschichtliche Beurteilung der Amtmannschaft war MALTE BISCHOFFs Dissertation über die „Amtleute Herzog Friedrichs III. von Schleswig-Holstein"[11] sehr hilfreich. Bei einer Untersuchung zur Auseinandersetzung zwischen den schleswig-holsteinischen Landesherren und Ständen im 17. Jahrhundert ist zudem die Heranziehung von ULRICH LANGEs Habilitationsschrift „Die politischen Privilegien der schleswig-holsteinischen Stände 1588 – 1675"[12] selbstverständlich.

Im folgenden werden zunächst die sachgeschichtlichen Hintergründe zur Stellung von Amt und Amtmannschaft im Schleswig-Holstein der Frühen Neuzeit erläutert. Ein Überblick über Argumente, die in Diskussionen über das Indigenatsrecht im Zeitraum von 1545 bis 1641 Verwendung fanden, schließt sich an und führt auf die eigentliche Salvationsschrift vom 19. Januar 1642 hin, deren Argumentation ausführlich dargestellt wird. Hierauf folgt eine Betrachtung der argumentativen Nachwehen des Jahres 1642 an Hand der Antwortschreiben der beiden Landesherren wie auch der Entschuldigung von Prälaten und Ritterschaft gegenüber Herzog Friedrich III. von Schleswig-Holstein-Gottorf. Ein Vergleich der älteren Argumentation mit derjenigen der Salvationsschrift bildet das letzte Kapitel vor dem Schluss.

---

einem großen Teil eine sprachliche Angelegenheit sind, ist im Übrigen auch der Linguistik nicht neu: Linke / Nußbaumer / Portmann 1996, S. 174.
9   Seresse 2005, S. 13ff; Eßer 2004, S. 80.
10 Opet 1923, S. 72-116.
11 Bischoff 1996.
12 Lange 1980.

2. Amtmannschaft und Indigenatsrecht

Nach der Landesteilung von 1581 gab es zwei regierende Herren in den Herzogtümern Schleswig und Holstein, König Friedrich II. von Dänemark und den Gottorfer Herzog Adolf. Die Ämter, Städte und Landschaften waren nach Einkünften aufgeteilt worden, während die Landstände ungeteilt blieben. Die Herzöge regierten gemeinschaftlich im jährlichen Wechsel.[13] Die Salvationsschrift von 1642 wandte sich vor allem an den Gottorfer Herzog, weshalb die Entwicklung in Schleswig-Holstein-Gottorf im Vordergrund stehen wird.

Der Leiter der Lokalverwaltung wurde seit dem 15. Jahrhundert als Amtmann bezeichnet. Er trieb in seinem Amt die Steuern und Abgaben ein, beaufsichtigte die niedere Gerichtsbarkeit und verwaltete die Regalien. Er erhielt eine feste Besoldung.[14] Die Amtmannschaft stellte für die Angehörigen der Ritterschaft einen üblichen Karriereschritt im landesherrlichen Dienst dar. Die Position als Amtmann bedeutete sozialen Aufstieg in einer hierarchisch denkenden Gesellschaft. Gemäß seiner herrschaftlichen Stellung betrachtete der Amtmann es als selbstverständlich, aus dem Amt heraus einen standesgemäßen Unterhalt bestreiten zu können. Dies führte zu Konflikten mit den Landesherren, die ihrerseits größtmögliche Einnahmen aus dem Amt zu erzielen suchten.[15]

Die Ritterschaft hatte die für sie günstige politische Lage in den Jahren 1460 und 1524 dazu genutzt, den Landesherren weitgehende Privilegien abzufordern. Hierzu zählte auch das Indigenatsrecht[16], nämlich die Zusicherung der Besetzung von Amtmannsstellen mit „Einheimischen" (1460) bzw. „Einheimischen von Adel" (1524).[17] Bis zur Herrschaft Johann Adolfs von Schleswig-Holstein-Gottorf (1590/92-1616) wurden Ämter darüber hinaus als nutzbares Pfand an ritterschaftliche Kreditoren vergeben. Die Einnahmen aus den Ämtern konnte der Kreditgeber und Amtmann als Zinsen einbehalten.[18] Herzog Friedrich III. (1616-1659) gelang es schließlich durch landesherrliche Erlasse diese „Kausalität von Geldhilfe, Pfandamt und Amtmannbestallung"[19] zu beseitigen. Der Geldgeber wurde nicht mehr Amtmann des Pfandamtes und das Amt übernahm nur noch im seltenen Fall des Zahlungsverzugs die Zinszahlungen.[20] Die Vergabe einer Amtmannstelle war nun vor allem Ausdruck herzoglicher Gunst für loyale Fürstendiener.[21]

Zu einem ersten ernsthaften Konflikt um das Indigenatsrecht kam es zu Beginn des 17. Jahrhunderts. Herzog Johann Adolf hatte sich in einem 1609 zwischen ihm und Sophia,

---

13 Lange 2003, S. 173-177.
14 Bischoff 1996, S. 29, 32. 57.
15 Bischoff 1996, S. 55ff. 62-67. 288; LAS Abt.7 Nr.1593 (Antigravamina Herzog Philipps von 1590).
16 „Indigenatsrecht" ist eine Bezeichnung die so in den Quellen nicht auftaucht. Sie dient dazu, den in den Quellen mit „Bevorzugung Einheimischer" oder unter Wortlaut des Privilegs umschriebenen Sachverhalt auf den Punkt zu bringen.
17 Jensen / Hegewisch 1797, S. 51f. 146f.
18 Bischoff 1996, S. 30-37. 40.
19 Ebd. S. 198.
20 Ebd. S. 197f.
21 Ebd. S. 284. 304f.

der Königinwitwe und Mutter König Christians IV. von Dänemark, geschlossenen Kreditvertrag verpflichtet, alle mit dem Kredit verbundenen Ämter nicht durch Adelige verwalten zu lassen.[22] Daraufhin forderte die Ritterschaft auf den Landtagen von 1610 bis 1614 die Einhaltung des Indigenatsrechts. Die nachfolgende Auseinandersetzung fand eine Klärung im Hadersleber Kompromiss von 1614, in welchem das Indigenatsrecht der schleswig-holsteinischen Ritterschaft anerkannt, jedoch auf die großen Ämter beschränkt wurde.[23] In den anschließenden Jahren von 1614 bis 1641 gab es so gut wie keine Konflikte um das Indigenatsrecht.[24]

Die Lage änderte sich mit dem Tod der Herzoginmutter Augusta, auf welche die Kreditverträge Gottorfs mit der Königinwitwe Sophia nach deren Tod übergegangen waren.[25] Nach Augustas Tod im Jahr 1639 standen die Pfandämter Apenrade und Kiel/Bordesholm wieder im Zugriff Herzog Friedrichs III. Die Ritterschaft erwartete nun, dass die beiden Hauptämter gemäß dem Indigenatsrecht an Landesadelige vergeben würden.[26] Jedoch blieb die Amtmannstelle im Kieler Schloss von 1639 bis 1648 unbesetzt[27] und das große Amt Apenrade vergab Friedrich III. im April 1641 an den ihm vertrauten, fremdadeligen Rat Johann Friedrich von Winterfeldt.[28] Damit hatte der Herzog den Hadersleber Kompromiss zur Disposition gestellt, woraufhin Ritterschaft und Prälaten den Bruch des Indigenatsrechts als eines ihrer Hauptgravamina auf den Landtagen im Juli, September und Dezember 1641 einbrachten. Weitere Hauptbeschwerdepunkte der Stände waren die Einführung eines Ein- und Ausfuhrzolls, der sogenannten Lizenten, durch landesherrliches Edikt[29] vom 19. April 1636, sowie die Steuerfreiheit der gelehrten Räte und die Überschreitung der Sporteltaxe.[30] Im August beabsichtigen die Stände außerdem, mittels einer Deputation an die Landesherren ihre Gravamina ausführlicher darzulegen. Schon damals dürften die Stände überlegt haben, dass der gewöhnliche Gravaminavortrag auf den Landtagen nicht mehr sonderlich wirksam sei. König und Herzog kamen den Ständen jedoch zuvor, indem sie ihnen am 28. August 1641[31] eine landesherrliche Resolution übergaben, welche sich etwas ausführlicher mit den Gravamina befasste und diese überwiegend abschlägig beschied.[32]

---

22 Lange 1980, S. 46. 107. Sophia war aus Kostengründen gegen die Amtmannschaft von Adeligen.
23 Bischoff 1996, S. 41. 48ff. Sechs gottorfische Hauptämter: Apenrade, Tondern, Gottorf, Kiel/Bordesholm, Cismar/Oldenburg sowie Trittau/Reinbek (Bischoff 1996, S. 281); mindestens vier königliche Hauptämter: Amt Hadersleben, Amt Flensburg, Amt Rendsburg und Amt Segeberg.
24 Lange 1980, S. 114.
25 Bischoff 1996, S. 274. 278.
26 Ebd. S. 274.
27 Ebd. S.278. Das Amt wurde in dieser Zeit vom Amtschreiber geführt.
28 Johann Friedrich von Winterfeldt war Sohn eines gottorfischen Rates von Haus aus. Er war seit 1631 Rat und Kammerjunker zu Gottorf sowie seit mindestens 1655 Geheimer Rat. Winterfeldt war Schwiegersohn des königlichen Amtmanns Georg von Ahlefeldt, erwarb aber erst 1653 Gutsbesitz in den Herzogtümern. Er stand demnach dem Herzog sehr nah und war mit der Ritterschaft verschwägert, jedoch 1641 noch nicht in den Herzogtümern begütert (Andresen / Stephan 1928, S.307). Winterfeld blieb bis 1655 als Amtmann in Apenrade (Bischoff 1996, S. 278).
29 Opet 1923, S. 80. Das Edikt ist laut Opet in „Sammlung der gemeinschaftlichen Verordnungen, S.460." zu finden.
30 LAS Abt.400.5 Nr.47, S. 401f u. S. 433.
31 In ihrer Proposition vom 28. August verwiesen die Landesherren auf eine beigelegte Resolution gleichen Datums. LAS Abt.400.5 Nr. 47, S. 410.
32 LAS Abt.7 Nr. 1658 (28. August 1641). S. auch Ipsen 1852, S. 231. Er schreibt, dass die Resolution zwar auf den 28. August datiert wurde, jedoch erst am 20. September an die Stände übergeben wurde. Leider ist nicht

39

Die ständischen Forderungen nach Beachtung des Indigenatsrechts blieben 1641 erfolglos. Die Ritterschaft sah sich stattdessen mit der offenen Bereitschaft des Herzogs zum fortgesetzten Bruch der bisherigen Übereinkünfte konfrontiert. König Christian IV. äußerte sich anscheinend im Sinne der Stände, beabsichtigte allerdings, das Amt Hadersleben an seinen deutschen Kanzler Detlev Reventlow aus Mecklenburg zu vergeben.[33] Kein Erfolg war auch den ständischen Beschwerden über die Lizenten sowie ihrer sehr ausführlich vorgetragenen Forderung nach Abschaffung der Steuerexemtion der gelehrten Räte beschieden. Demzufolge waren die Stände nach mehr als einem halben Jahr intensiver Bemühungen in drei ihrer zentralen Forderungen[34] nicht weitergekommen. Sie dürften daher Ende 1641 sehr unzufrieden über den geringen Erfolg ihrer bisherigen Bemühungen gewesen sein. In dieser Lage wurde die vom Landsyndikus Christopher Krauthoff konzipierte, auf den 19. Januar 1642 datierte sogenannte Salvationsschrift abgefasst, in welcher die Ritterschaft die Missachtung des Indigenatsrechts durch den Herzog angriff und mit einer zuvor und hiernach unbekannten Schärfe dessen Beachtung einforderte.[35]

Der Herzog ließ die Salvationsschrift am 28. Januar 1642 zurückgehen und gab den Befehl Krauthoff zu verhaften.[36] Die Verhaftung und Haft Krauthoffs geschah unter für den Syndikus und damit auch für die Ritterschaft schimpflichen Umständen. Er wurde geohrfeigt, in Ketten abgeführt und zunächst im Gefängnis für gewöhnliche Verbrecher untergebracht. Am achten Tag nach der Verhaftung erreichten persönlich in Gottorf erschienene Vertreter der Ritterschaft die Freilassung Krauthoffs.[37]

An dieser Stelle sei der Lizentiat Christopher Krauthoff etwas genauer vorgestellt. Er stammte aus Mecklenburg und hatte 1629 in Greifswald u.a. über das Widerstandsrecht von Untertanen gegenüber ungerechten Fürsten promoviert. Dies dürfte ihn den Ständen empfohlen haben.[38] In Schleswig-Holstein war er in den 1630er Jahren zunächst Advokat in Kiel und Rat der Itzehoer Äbtissin. Nach dem Tod der Äbtissin erlangte er 1639 die lange angestrebte Stellung als Syndikus der Ritter- und Landschaft.[39] Wohl in Folge

---

ersichtlich, woher er diese Information hat. Auch verweist er auf eine „Vorlage" der Landesherren aus dem September 1641, in welcher die Resolution den Ständen angekündigt werde. Eine solche „Vorlage" habe ich im September nicht gefunden. Stattdessen jedoch eine Resolution der Stände vom 4. Sep. 1641, in welcher sie bereits auf die Resolution der Landesherren vom 28. Aug. 1641 eingehen. In der Antwort der Stände heißt es z.B.: „Ew. Fürstl.Gd. wolten auf die in resolutione angezogene Limitation dieses passus", nämlich der Besetzung der Ämter, „halber den in Ao 1614 zu Hadersleben beliebten Recess in Gnaden beleüchtigen"(Abt.400.5 Nr.47, S.429).

33 Ipsen 1852, S. 232. Hierbei ist zu bedenken, dass König Christian I. das 1460 in Ripen bestätigte Indigenatsrecht in der ergänzenden „Verbesserung" ausdrücklich dahingehend konkretisierte, dass der deutsche Kanzler auch als nicht Einheimischer lehnsfähig sei (Jensen / Hegewisch 1797, S. 51f. 60).
34 Ipsen 1852, S. 229ff.
35 Opet 1923, S. 72; Ipsen 1852, S. 232. Allerdings schätzt Ipsen das Gewicht des Gravamens zur Verletzung der Sporteltaxe wohl als zu groß ein. Die Stände ließen sich hier auf eine pragmatische Diskussion mit den Landesherren ein, die Verfahren auf den Gerichtstagen betraf und welche nicht durch grundsätzliche Argumente geprägt war. Die Annahme, dass die gelehrten Räte auch wegen der beständigen Forderung nach ihrem Beitrag zur Steuer den ritterschaftlichen Unterzeichnern der Salvationsschrift nicht sonderlich wohlgesonnen waren, erscheint plausibel.
36 LAS Abt.400.5 Nr.47, S. 530f.
37 LAS Abt.400.5 Nr.47, S. 538ff.
38 Opet 1923, S. 76f.
39 LAS Abt.7 Nr. 1656 (28. August 1641); Opet 1923, S. 78f.; Fridericia 1895, S. 471f.

der Ereignisse von 1642 wechselte Krauthoff 1643 die Anstellung und ging als Syndikus nach Rostock. Anschließend war er von 1644 bis 1646 dänischer Rat von Haus aus. In einer 1648 veröffentlichten Schrift behauptete Krauthoff, dass die vorzeitige Entlassung aus dänischen Ratsdiensten auf das Wirken des deutschen Kanzlers Reventlow zurückgehe. In einer weiteren Schrift deutete er die Ereignisse von 1642 als Verschwörung der von ihm angegriffenen herzoglichen und königlichen Räte gegen seine Person. Seine weitere berufliche Laufbahn brachte ihm erneut die Stellung als Rostocker Syndikus, dann auch in den 1660ern die Berufung in die herzogliche Schweriner Justizkanzlei, deren Kanzler er schließlich wurde. Sein Todesdatum ist wie schon sein Geburtsdatum unbekannt.[40]

Insgesamt betrachtet höhlte Herzog Friedrich III. das Indigenatsrecht aus. Es gelang dem Gottorfer, seine sechs Hauptämter nur während etwa der Hälfte seiner Regierungszeit durch landesadelige Amtleute verwalten zu lassen, indem er in der übrigen Zeit die Verwaltung vom Amtschreiber vornehmen ließ, ohne das Amt neu zu vergeben.[41] Dennoch war es bis zur Ernennung von Winterfeldts zum Amtmann von Apenrade im April 1641 nicht zu nennenswerten Protesten der Ritterschaft gekommen. Trotz einer insgesamt geschickten Schwächung des Indigenatsrechts stellte diese Ernennung den einzigen schwerwiegenden Bruch des Indigenatsrechts durch Herzog Friedrich III. in seiner 43jährigen Regierungszeit dar.[42] Sein Nachfolger Herzog Christian Albrecht beachtete das Indigenatsrecht konsequenter als sein Vater.[43] Allerdings gelang es dem gottorfischen Kanzler Kielmann, im Jahre 1662 als von Kielmannsegg in die Ritterschaft aufgenommen zu werden. Die von Kielmannsegg waren fortan ein bedeutendes Amtmanngeschlecht in Schleswig-Holstein-Gottorf.[44] Dies zeigt zwar zum einen, dass es für den Zugriff auf die Hauptämter weiterhin notwendig war, zur Ritterschaft zu gehören. Jedoch konnte eine bürgerliche Funktionselite sich durch Nobilitierung diesen Zugriff verschaffen, ein durchaus übliches Verfahren in deutschen Territorien.[45]

3. Die älteren Argumente vom 16. Jahrhundert bis 1641

3.1. Die Argumente von Landesherren und Ständen bis 1614

In der Zeit bis zum Haderslebener Kompromiss von 1614 waren die Landesherren der offensivere Part in der Diskussion um das Indigenatsrecht. Hierbei bedienten sich Herzog Adolf (1544-1586) und Herzog Philipp (1587/88-1590) im 16. Jahrhundert des Vorwurfs der Misswirtschaft der landesadeligen Amtleute, wobei sie zugleich das Indigenatsrecht an sich anerkannten. Jedoch wurde von den Amtleuten gefordert, dass die Ämter durch gute Haushaltung die Regierung finanzieren sollten, anstatt dass die Regie-

---

40 Opet 1923, S. 99-116.
41 Bischoff 1996, S. 278. 282ff.
42 Ebd. S. 274. 278.
43 Ebd. S. 304f.
44 Ebd. S. 284.
45 Reinhard 2000, S. 185.

rung noch zur Unterhaltung der Ämter etwas zuschießen müsse.[46] In den Auseinandersetzungen vor dem Haderslebener Kompromiss vertraten König und Herzog dann die Auffassung, dass 1460 das Indigenatsrecht auf Grund einer *causa impulsiva*, nämlich der Friedenssicherung, gewährt worden sei und bei Wegfall der causa auch das Privileg entfalle. Wie von der Ritterschaft gefordert bezogen die Landesherren sich ferner auf den Wortlaut der Privilegien, in welchen nämlich 1460 die Amtmannschaft den Einwohnern und eben nicht ausdrücklich der Ritterschaft vorbehalten worden sei. Wie schon 1545 und 1590 wurde außerdem der Vorwurf der Misswirtschaft erhoben. Auch wegen der Besoldung solle der Adel mit sich verhandeln lassen, so die Landesherren.[47] Also spielte neben der 1614 vorgenommenen grundsätzlichen Infragestellung des Indigenatsrechts die Frage der Kosten der adeligen Amtmannschaft durchgehend eine wichtige Rolle in der älteren landesherrlichen Argumentation.

Das erste überlieferte Gravamen der Stände bezüglich des Indigenatsrechts fiel in den November 1545.[48] Die wesentliche Auseinandersetzung um das Indigenatsrecht fand jedoch zwischen 1610 und 1614 statt. Bis dahin hatten die Stände auf ihre Privilegien pochend die Einhaltung des Indigenatsrechts gefordert. In Reaktion auf eine anspruchsvollere landesherrliche Argumentation und wegen der konkreten Gefährdung des Indigenatsrechts durch die Kreditverträge mit Sophia, wurde die ständische Argumentation differenzierter gestaltet. Die Ritterschaft argumentierte mit dem *hellen, sonnenklaren Buchstaben* der Privilegien und verwahrte sich gegen Missdeutungen durch *böse Angeber*. Ferner verwies sie auf die Geltung der Privilegien auf Grund der beeideten Privilegienkonfirmationen der Landesherren[49] und beanspruchte daneben, dass Einheimische wegen ihrer *ardentiorem amorem patriae* die Ämter verwalten sollten. Auf landesherrliche Argumente eingehend, forderte die Ritterschaft die Misswirtschaft einzelner nicht der gesamten Ritterschaft zur Last zu legen und zeigte sich bereit über die Besoldung zu verhandeln.[50]

Die königliche Seite hatte im Übrigen in der internen Diskussion zwischen Herzog Johann Adolf und König Christian IV. die Ansicht vertreten, dass die Privilegien durch Eid erneuert worden seien, wodurch sie die Wirkung eines beschworenen Vertrages hätten. Fürsten seien wegen ihrer Würde noch mehr als andere Privatpersonen an die Einhaltung eines solchen Vertrages gebunden, weshalb die königliche Seite auf den

---

46 LAS Abt.7 Nr. 1571 (Antwort der Landesherren auf die 19 Beschwerden der Stände von 1545); LAS Abt.7 Nr. 1593 (Antigravamina Herzog Philipps von 1590). Dieses Argument wurde dann 1641 und 1642 nicht wieder verwendet. Es konnte nicht ganz geklärt werden, warum es entfiel. Zu vermuten ist, dass
    erstens dieses Argument nach Hadersleben unwichtig wurde, da Friedrich III. viele Ämter von Schreibern verwalten ließ, die billiger im Unterhalt waren;
    zweitens die Nutzpfandvergabe verschwand und damit eine der Voraussetzungen für konsequente, aus gottorfischer Perspektive Misswirtschaft;
    drittens die Hauptämter als Pfründe gedacht waren, weshalb eine gewisse, aus Perspektive der Gottorfer Zentrale Ineffizienz geduldet wurde. Friedrich III. argumentierte zudem nicht aktiv gegen das Indigenatsrecht an sich, wie noch zu zeigen sein wird, sondern strebte die Freiheit der Vergabe als Pfründe an andere verdiente Diener an. In diesem Zusammenhang konnte das Argument der Misswirtschaft nicht sinnvoll verwendet werden.
47 Lange 1980, S. 113f.
48 LAS Abt.7 Nr. 1571 (Die 19 Beschwerden der Stände von 1545).
49 Lange 1980, S. 112.
50 Ebd. S. 113.

Kompromiss drängte, wie er dann zustande kam. Der Gottorfer Herzog und seine gelehrten Räte hatten eine weitergehende Schwächung des Indigenatsrechts angestrebt.[51]

3.2. Die ständischen und landesherrlichen Argumente des Jahres 1641

Unmittelbar vor der Erörterung der Salvationsschrift sollen hier die erfolglosen ständischen Argumente aus 1641 sowie die landesherrlichen Gegenargumente im Überblick dargestellt werden, welche in der Diskussion über die genannten Gravamina[52] vorgebracht wurden.[53] Als besonders beachtenswert kann vorab festgestellt werden, dass die Landesherren auf die Argumente der Stände kaum oder gar nicht eingingen. Stattdessen begründeten beide Seiten weitgehend lediglich den eigenen Standpunkt.

Wenn man die ständische Argumentation betrachtet, fällt auf, dass der Verweis auf die Privilegien und auf das *Herkommen*, also gewissermaßen die Argumentation mit der rechtlichen bzw. gewohnheitsrechtlichen Stellung der Stände, nur im Zuge der Diskussion um das Indigenatsrecht angeführt wurde. Hierunter fällt auch der ausdrückliche Verweis auf den Haderslebener Kompromiss. Umso schmerzlicher mochte die Ritterschaft es empfinden, wenn die herzogliche Seite gewillt war, sich gerade in diesem Punkt über die landständischen Rechte hinwegzusetzen ohne die Privilegien zu erwähnen. Daher verwundert es nicht, dass Krauthoff den Auftrag erhielt, unter ausschließlicher Konzentration auf die Frage des Indigenats eine Schrift zur Verteidigung der Privilegien zu verfassen.[54]

Die Sorge um das *Gemeinwohl* nahm breiten Raum in der Argumentation der Stände ein. Hierbei spielte der Verweis auf die *hochbeschwerlichen Zeiten* und die hieraus resultierende Armut der Untertanen eine wichtige Rolle. Zugleich trat neben die ausdrückliche Sorge um das *Gemeinwohl* auch die Forderung nach Beachtung der Interessen des Adels und der Förderung seines Wohlstandes. Die Ritterschaft setzte folglich eine Verpflichtung der Landesherren nicht nur gegenüber den Untertanen im Allgemeinen sondern auch für das Adelswohl im Besonderen voraus. Hierzu gehört auch, dass der Landesadel sich dagegen verwahrte, gegenüber den gelehrten Räten eine Verschlechterung zu erfahren.

In die Diskussion um die Besteuerung der gelehrten Räte brachten die Stände den *Gerechtigkeits*aspekt ein. Sie argumentierten, dass die Lastenverteilung gleichmäßig und gerecht sein müsse, da ansonsten der willige Zahler in den Ruin gehe, während der Säumige abseits stehe. In Form eines Zitats aus den Lüneburger Konstitutionen erinnerten sie zudem an den *Zorn Gottes*, der bei ungerechter Besteuerung von Armen und Reichen drohe. Der Verweis auf *Gewohnheiten* in benachbarten Territorien wie Dänemark sowie Lüneburg, aber auch allgemein „anderen Reichsständen", gehörte zum übli-

---

51 Ebd. S.114; Bischoff 1996, S. 52ff.
52 Verletzung des Indigenatsrecht, Lizenten, Exemtion der gelehrten Räte und die Überschreitung der Sporteltaxen.
53 Sie sind folgenden Landtagsakten von 1641 entnommen: LAS Abt.7, Nr. 1658 (28. August 1641); LAS Abt.400.5 Nr. 47, S. 401f. 426f. 429f. 433. 441-444. 465ff. 470.
54 Opet 1923, S. 84.

chen Repertoire der ständischen Argumentation. Es wurde sogar dem Herzog das gute Beispiel des Königs hinsichtlich der Behandlung des Indigenatsrecht vorgehalten.

Die Landesherren brachten sich argumentativ weit weniger ausführlich in die Diskussion ein, als die Stände es taten. Dies mag daran liegen, dass bei den hier betrachteten Fragen stets die Stände um die Abschaffung eines Missstandes baten. Die Landesherren waren folglich nicht in der Situation etwas von den Ständen erbitten zu müssen. Dass sie sich zugleich nicht sonderlich genötigt sahen, ihr Handeln ausführlicher zu rechtfertigen, kann wohl als bezeichnend für die geschwächte Stellung der Stände angesehen werden.

Wie schon die Landstände zeigten sich auch König und Herzog wegen der *derzeittigen turbulenten Wechsen*, welche sie analog zum ständischen Argument der *hochbeschwerlichen Zeiten* verwendeten, besorgt. Sie verwiesen auf daraus resultierende hohe Ausgaben der Regierung und verlangten gerade deshalb für den *Notfall* Beihilfen durch indirekte Steuern. Aus Sicht der Landesherren war ihrer Fürsorgepflicht nur durch finanzielle Ausstattung der Obrigkeit durch die Stände nachzukommen. Sie beriefen sich hierbei auch auf die *Gewohnheiten* in benachbarten Reichsterritorien, ein weiteres Argument, das sie mit den Ständen teilten. Sie verwendeten es jedoch wie diese nur dann, wenn es zu ihren Gunsten ausschlug.

Die Berührung der *hochbeschwerlichen Zeiten* seitens der Landesherren stellte einen Fall direkter Befassung mit einem ständischen Argument dar. Indirekt könnte auch der Herzog das privilegiengestützte, ritterschaftliche Argument des Indigenats berührt haben, als er erklärte, solche Männer anzustellen, die sich in den Herzogtümern niederlassen wollten. Hierbei ist zu bedenken, dass der Streit anlässlich der Bestallung von Winterfeldts im Amt Apenrade ausgetragen wurde. Von Winterfeld war mit der Ritterschaft verschwägert und hatte sich tatsächlich in den Herzogtümern niedergelassen.[55] Es ist daher möglich, dass der Herzog die Ritterschaft zu besänftigen dachte, indem er seine Zurückweisung des Indigenatsrechts ein wenig einschränkte. Allerdings musste er mit dem Argument, dass die Vergabe von Amtmannstellen sich an *Verdienst und Qualifikation*, also nicht an der Herkunft, orientieren solle, notgedrungen den Zorn der standesbewussten sowie an Einnahmequellen interessierten Ritterschaft erregen. Gleiches gilt für die Begründung der Steuerbefreiung der gelehrten Räte mit deren Tätigkeit bei Gericht.

4. Die Salvationsschrift der Prälaten und der Ritterschaft vom 19. Januar 1642

Die durch den ständischen Syndikus[56] Christoph Krauthoff konzipierte Salvationsschrift vom 19. Januar 1642 stellte sehr ausführlich die ständische Position zum Indigenatsrecht dar und war um ein Vielfaches umfangreicher, als die zuvor zum Thema

---
55 Andresen / Stephan 1928, S. 307.
56 Landsyndikus Krauthoff war „in Sachen die gesampten Praelaten Ritter- und Landtschaft betreffen [...] pro Syndico & Advocato" angestellt (LAS Abt.7 Nr. 1656, Bestallung des Landsyndikus Christoph Krauthoff vom 3. Mai 1639).

verfassten Absätze innerhalb der Gravamina. Die Schrift lässt sich in vier Abschnitte untergliedern. Am Anfang und noch vor Nennung des Gravamens steht eine allgemein gehaltene Einführung, die sich an beide Landesherren richtet. Dann folgt ein kurzer, direkt an den König gerichteter Abschnitt. Der dritte Teil ist der längste, er wendet sich an den Herzog. Zum Schluss werden in wenigen Zeilen beide Landesherren angesprochen und der König darum gebeten, sich beim Herzog für die Ritterschaft einzusetzen.

4.1. Die gegenseitig verpflichtende Beziehung von Fürst und Adel

4.1.1. Die Privilegien im Gegenseitigkeitsverhältnis und ihre Vertragsgewalt

Im allgemein gehaltenen Einführungsabschnitt der Salvationsschrift erläuterten Prälaten und Ritterschaft ihr Verständnis der Beziehung zu den Landesherren. Es war das Bild eines gegenseitigen Nehmens und Gebens. Die Fürsten gaben *Schutz von Leib und Rechten* und erhielten die *Liebe und Devotion* der Ritterschaft.[57] Dass sie ihre beiden Landesherren aus dieser Perspektive durchaus unterschiedlich bewerteten, ist unübersehbar. Den König stilisierten die beiden Stände zu einem vorbildlichen Fürsten im Sinne des Gegenseitigkeitsprinzips. Der König, so hieß es, sei gnädig bereit gemäß den Privilegien zu handeln und diese gegen Angriffe zu verteidigen. Hierfür gebühre ihm „*Hertzens, Danck, Lieb* und *Treu*", wie auch Treue und *Einsatz des Blutes* durch die gehorsame Ritterschaft und ihre Nachkommen.[58] Die Ritterschaft legte hier bereits dar, dass ihre *Treue* gegen den Landesherren die Gegenleistung für dessen *Schutz* war.

Die beide Seiten in die Pflicht nehmende Gegenseitigkeit in der Beziehung von Landesherren und Ritterschaft begründete eine den Privilegien innewohnende, besondere Bindungskraft. Krauthoff führte in indirektem Zitat einen Abschnitt der Huldigungsverhandlungen der Stände mit Herzog Friedrich III. von 1614 an. Dort verpflichtete sich der Herzog dazu, gegen eine Leistung der Erbhuldigung durch die Stände deren Privilegien zu konfirmieren und ihren Gravamina abzuhelfen.[59] Damit konnten die Privilegien als Teil einer durch Huldigung und Konfirmation begründeten sowie auf gegenseitigen Verpflichtungen gründenden partnerschaftlichen Beziehung zwischen Ständen und Landesherren verstanden werden. Dementsprechend betonte die Ritterschaft die beide Seiten bindende Kraft der Privilegien. Diese seien als „*reciprocus contractus*"[60] und als „*contractus reciprocus sanctus et obligatorius*"[61] zu verstehen. An anderer Stelle führte man an, dass die Ritterschaft ein „*uhraltes jus radicatum et quaesitum*[62] *vigore contractus*"[63] habe, wonach Fremden den Einheimischen nicht vorzuziehen seien.[64]

---

57 LAS Abt.400.5 Nr.47, S. 509.
58 LAS Abt.400.5 Nr.47, S. 510f.
59 LAS Abt.400.5 Nr.47, S. 517f.
60 LAS Abt.400.5 Nr.47, S. 520.
61 LAS Abt.400.5 Nr.47, S. 517.
62 Siehe hierzu auch Kap.4.2. „Privilegien, Völkerrecht und das Herkommen".
63 LAS Abt.400.5 Nr.47 S. 521.
64 LAS Abt.400.5 Nr.47 S. 521.

Sichtbar wurde demnach der Vertrags- und Gegenseitigkeitscharakter der Privilegien hervorgehoben, der aus ritterschaftlicher Sicht beide Seiten an diese band.

Was bewirkte darüber hinaus der Charakter der Privilegien als *reciprocus contractus*? Mit Hilfe zweier ausführlicher Zitate legte Krauthoff die Sicht der Ritterschaft dar.[65] Er sprach von einem *unauflöslichen Vertrag* und zitierte zur Erläuterung einen gewissen Hieronymus Harilian.[66] Aus dem zitierten Passus geht wieder klar hervor, dass die Privilegien *vigorem contractus*[67] haben, da sie als *Lohn* erworben bzw. für *gute Dienste* gewährt wurden. Krauthoff ging hier jedoch weiter und erklärte, dass die Privilegien wegen ihrer Vertragsgewalt nicht aus landesherrlicher *plenitudo potestas* aufgehoben werden können, sowie dass der *princeps legibus solutus* dennoch *lege conventionis* gebunden sei. Anschließend erläuterte Krauthoff, dass sich die Nachfolger desjenigen, der zuerst die Privilegien gewährte, mittels eines beeideten Huldigungsvertrages verpflichteten die Privilegien zu bewahren, und folglich ebenfalls an diese gebunden seien.[68] In einem hierauf folgenden Absatz[69] wird die Stellung des Huldigungsvertrages dargelegt: Der „homagium contractus *reciproce obligatorius*" bilde „*arctissima*[70] et *indissolubila vincula* inter dominum et subditos, quae vincula utraque partem non solum ad factum *correspectivum* in *tuitione et subjectione*, sed etiam in *Conservandis juribus et immunitatibus* tam novis quam antiquis consistit".[71] Vor diesem Hintergrund ist auch die in der Salvationsschrift einige Seiten zuvor getroffene Feststellung zu sehen, dass die Landesprivilegien den gnädigen Fürst und Herrn mit *unauflöslicher Kraft bänden*, da sie nicht „in nudis privilegiis *gratia datis* sondern sacratissimo *homagii et contractus foedere* eydl. angebunden worden"[72] seien.

Die Begriffe, mit denen in der Salvationsschrift der schleswig-holsteinischen Prälaten und Ritterschaft die Grundlage des Gegenseitigkeitsverhältnisses zwischen Landesherren und Landständen beschrieben wird, sind zusammengefasst: *Schutz* gegen *Treue*. Dabei ist *Schutz* etwas breiter zu verstehen und umfasst auch die Wahrung der Privilegien. Die Privilegien stehen auf Basis dieses Gegenseitigkeitsverhältnisses. Sie wurden als *Lohn* für geleistete *Dienste* verliehen. Ihre Geltung wird im Rahmen der Konfirmation als Gegenleistung zur Huldigung immer wieder neu gefestigt. Das in der Huldigung bestätigte Verhältnis auf Gegenseitigkeit wird in direkter Charakterisierung als *contractus reciprocus et obligatorius* und als *indissolubilis* bezeichnet. Prälaten und Ritterschaft sahen sich folglich mit den Landesherren als Vertragspartner in einem Ver-

---

65 Im Übrigen sind die beiden Zitate am Schluss des an den Herzog gerichteten Abschnittes angesiedelt und zugleich auch fast am Ende der Schrift, so dass die Erörterung über die Gegenseitigkeit in der Beziehung von Ständen und Landesherren sowie die Behandlung der aus der Gegenseitigkeit herrührenden, unauflöslichen Vertragsbindung der Privilegien die Salvationsschrift gewissermaßen einrahmen.
66 In LAS Abt.400.5. Nr.47, S. 522 „Hiorni. Marilian". Laut Opet 1923, S.87 und S.87 Anm.1: Hieron. Harilian. ad L. Quoties C. de resc.vend. Opet stellt fest, dass er über den Autoren nichts in Erfahrung bringen konnte. Ferner notiert Opet: „Das Zitat kann nicht stimmen", da er es im betreffenden Werk nicht entdecken konnte.
67 Also „Vertragsgewalt".
68 LAS Abt.400.5. Nr.47, S. 522.
69 Opet 1923, S. 87 und ebd. S. 87, Anm.2. Opet konnte das Werk „Speculator de feudis tit. De homagio" nicht ermitteln, dem Krauthoff diese Stelle entnahm.
70 arctus(ml.) = artus.
71 LAS Abt.400.5 Nr.47, S. 522.
72 LAS Abt.400.5 Nr.47, S. 515f.

hältnis auf Gegenseitigkeit verbunden, welches beide Seiten verpflichtete und unauflöslich war, solange nicht eine der Seiten ihre Vertragspflichten verletzte. Das Indigenatsrecht der Ritterschaft war Teil der Privilegien und demnach ein Inhalt des Vertrages mit den Landesherren, weshalb es nach vorgehend geschilderter Argumentationskette von den Landesherren zu beachten und schützen war. Sein Bruch verletzte hingegen den Vertrag und entband die Ritterschaft ihres Teils von der vertraglichen Leistungsverpflichtung.

4.1.2. Der Vorwurf der Tyrannis und das ständische Widerstandsrecht

Das erste Argument, mit welchem die Stände sich in der Salvationsschrift direkt an den Herzog wandten, waren das *Völkerrecht* bzw. die bei allen Völkern verbreitete Gewohnheit, Einheimische den Ausländern bei der Besetzung von Ämtern vorzuziehen.[73] Dies stützte Krauthoff mit einem Zitat Besolds.[74] Er zitierte darüber hinaus, was Besold aus dem genannten folgerte, nämlich: „*tyrannicum esse* peregrinos civibus praeferre".[75] Allerdings behauptete Krauthoff zugleich, dass man diesen Satz gar nicht in die Argumentation einfließen lassen wolle.[76] Letzteres sollte wohl den Vorwurf tyrannischen Verhaltens gegenüber dem Herzog abschwächen.

Bereits Ipsen stellte diesen Tyrannisvorwurf neben den in der Salvationsschrift zwei Seiten weiter folgenden Satz: „es sey ein sonderbahrer prodromus[77] eines *regiements Untergang* wann bey Austheilung der Aembter und Dignitaeten die Landeskinder hindangesetzet und ausländische vorgezogen werden."[78] OTTO OPET hat das Werk, aus welchem Krauthoff diesen Satz zitierte, als Paul Matthias Wehners (1587-1612)[79] „Metamorphosis rerum publicarum" identifiziert. Zwar konnte er an der von Krauthoff genannten Stelle das Zitat nicht entdecken, die dort geschilderten Ereignisse decken sich jedoch mit der Intention des Zitats. Es sind dies der auch von Krauthoff genannte schwedische Indigenatsstreit von 1470 sowie der niederländische Aufstand gegen Herzog Alba.[80] Dies verstärkt den Eindruck, dass Krauthoff hier ein Widerstandsrecht der Stände annahm, indem er eines *regiements Untergang* mit der Missachtung des Indigenatsrechts verknüpfte. Bringt man dieses Zitat ferner in Beziehung zum Gegenseitig-

---

73 Hierzu folgt mehr im Kapitel „Völkerrecht und Herkommen".
74 LAS Abt.400.5 Nr.47, S. 12. Tatsächlich ist in Besolds „Synopsis Politicae Doctrinae" von 1637, die 2000 von Laetitia Boehm herausgegeben wurde, auf S. 206 eine entsprechende Stelle zu finden, nämlich Lib.2 Cap.5 Nr.5 „Und endlich entdecken wir, daß man bei fast allen Völkern zu der Ansicht gekommen ist, daß jemand aus der einheimischen Bürgerschaft für diese Aufgabe befähigter sei als ein Fremder. Das ist auch in den Grundgesetzen vieler Orte sichergestellt – wie z.B. in England, Polen, Schweden, Dänemark etc. -; besteht doch die Gefahr, daß ein Fürst, der allzusehr auf Fremde vertraut, mit Neuerungen den überkommenen Zustand der Privilegien unterläuft, was gleichwohl nicht für die Regel gehalten werden darf." Auch Besold berief sich folglich in seiner Gedankendarlegung und Argumentation auf die Erfahrung und Gewohnheit in einigen europäischen Ländern, folglich auf die Gewohnheiten der Völker, wie es auch Krauthoff in seiner Gedankenführung tat.
75 LAS Abt.400.5 Nr.47, S. 512. Opet merkt hierzu an, dass in einer ihm vorliegenden Ausgabe Besolds „Discursus politici singulares..." von 1647 der Satz etwas anders lautet. Inhaltlich herrscht jedoch Übereinstimmung. Opet 1923, S. 85 Anm.1.
76 LAS Abt.400.5 Nr.47, S. 512.
77 Vorläufer.
78 LAS Abt.400.5 Nr.47, S. 514; Ipsen 1852, S. 233.
79 Friedrich 1997, S. 39.
80 Opet 1923, S. 86 Anm.1; LAS Abt.400.5 Nr.47, S. 513f.

keitsverhältnis zwischen Ritterschaft und Herzog, dann kann es konkret so verstanden werden, dass bei Wegfall des *Schutzes der Rechte* als Leistung der Landesherren der Wegfall der *Treue* als Leistung der Ritterschaft drohte.[81] Auf „eines regiments Untergang" in Zusammenhang mit dem Vertragscharakter des Verhältnisses zwischen Ständen und Landesherren bezieht sich auch Opet, wenn er in der Salvationsschrift ein ständisches Widerstandsrecht im Falles des Vertragsbruchs durch die landesherrliche Seite feststellt.[82]

Die Argumentation mit einem ständischen Widerstandsrecht im Falle eines landesherrlichen Vertragsbruchs dürfte von Krauthoff angeregt worden sein. Die Stände hatten ihm lediglich Unterlagen bisheriger Landtagsverhandlungen zur Verfügung gestellt. In diesen war jedoch bisher über politische Konsequenzen auf den Vertragsbruch des Landesherren nicht nachgedacht worden.[83] Krauthoff hingegen hatte in seiner Dissertation das Verhältnis von Fürst und Untertanen als ein Vertragsverhältnis, dessen Bruch von Seiten des Fürsten die Untertanen zum Widerstand berechtige, definiert. Ausdrücklich erkannte er daneben den Untertanen Verantwortung für den Schutz des Gemeinwesens zu und erklärte den Widerstand gegen einen ungerechten Herrscher für berechtigt.[84]

Bezieht man diese Erwägungen der krauthoffschen Dissertation auf die Situation in Schleswig-Holstein, wie sie sich aus Sicht der Stände darstellte, so beging Herzog Friedrich III. Vertragsbruch, wenn er gegen die Privilegien handelte, als er einen Fremdadeligen zum Amtmann ernannte und dies beharrlich rechtfertigte. Der Vorwurf tyrannischen Handelns kennzeichnete den Herzog zudem als einen ungerechten Herrscher. Ein ständisches Widerstandsrecht war demzufolge aus Krauthoffs Perspektive doppelt begründet, nämlich in Folge des Vertragsbruchs und zur Bekämpfung des Tyrannen. Aller Wahrscheinlichkeit nach wird diese Argumentation den vierzehn Vertretern der Ritterschaft[85] bewusst gewesen sein, als sie im Namen von Prälaten und Ritterschaft die Salvationsschrift unterschrieben.

---

81 Dies setzt in Abwägung einer möglichen Umsetzung des Regimesturzes natürlich voraus, dass ein Wegfall der ritterschaftlichen Treue die Landesherrschaft tatsächlich ins Wanken bringen könnte. Die Erwägungen zum Widerstand finden sich i.Ü. alle in den an den Herzog gerichteten Ausführungen.
82 Opet 1923, S. 89f.
83 LAS Abt.400.5 Nr.47, S. 554; Opet 1923, S. 89; Lange 1980, S. 115f.
84 Opet 1923, S. 75ff.
85 LAS Abt.400.5 Nr.47, S. 524.

4.1.3. Die missgünstigen Ratgeber zwischen Landesherren und Ritterschaft

Seit dem 16. Jahrhundert klagten die Stände immer wieder über *böse Ratgeber*,[86] welche die Privilegien missdeuten und umwandeln wollten. Bereits in der Konfirmation durch König Johann und Herzog Friedrich von 1482 gab es das Versprechen, die Privilegien nicht mit Hilfe von geistlichen oder weltlichen Rechten kränken zu wollen.[87] Dieses Versprechen wurde in den nachfolgenden Konfirmationen übernommen und war der Ritterschaft bekannt, wie die Zitate aus den Privilegienverleihungen, Huldigungsverhandlungen sowie Konfirmationen der Jahre 1482, 1513, 1524, 1533, 1544, 1614 und 1616 in der Salvationsschrift belegen.[88] Eine Kränkung mit Hilfe geistlicher oder weltlicher Rechte setzte jedoch deren Kenntnis voraus, wie sie vor allem die gelehrten Räte mitbrachten.

Entsprechend diesem alten Verständnis von bösen Ratgebern als den Urhebern von Privilegienverstößen wurden die von herzoglicher Seite am 28. August 1641 vorgebrachten Argumente „denen *ungleichen Interpretibus* [...], die sich so fleißig bemühen *literalem sensum privilegiorum* zu metamorphosiren"[89] zur Last gelegt. Ähnlich äußerte sich die Ritterschaft bereits zu Beginn der Salvationsschrift im allgemeinen Teil. Dort hieß es: „Magnam saepe culpam esse temporum non Dominorum,[90] der wegen da sie eines sonderbahrn ihnen höchstanliegenden Gravaminis, bevorab an Seiten Ew.König.May. und Fürst.Gd. bishero keine Erledigung noch Erhörung erlanget, etwa weil ein *ungünstiger Rathgeber* seine Meinung bey Ew.Fürst.Gd. also geschattieret, daß wir darüber enthöret worden."[91] Daran anschließend verwiesen Prälaten und Ritterschaft darauf dass, „Ew.Fürst.Gd. von dem Uhrheber unsers Gravaminis verleitet worden [...] unsere Jura also begraben zu laßen."[92] Es scheint nur logisch hier den direkten Vorwurf an von Winterfeldt zu erkennen, dass er den Herzog aus eigennützigen Motiven dazu beredet hätte, die Privilegien zu brechen. Zugleich handelte es sich um einen Appell an die Landesherren, dem Gravamen der Stände ohne die Einflüsterungen der Ratgeber Gehör zu schenken.[93]

Der Bezug auf die Ratgeber im allgemeinen Teil folgte im Übrigen unmittelbar auf eine Versicherung tiefsten Vertrauens in das *Liebesband* gegenseitiger Verbundenheit zwischen Landesherren und Ritterschaft, welches „in allen wiederwärtigkeiten, auch denen

---
86 „böse Angeber" in der Konfirmation durch König Christian III. von 1533. LAS Abt.400.5 Nr.47, S. 517.
87 Jensen / Hegewisch 1797, S. 90.
88 LAS Abt.400.5 Nr.47, S. 516f.
89 LAS Abt.400.5 Nr.47, S. 520f.
90 Dies wurde als Zitat gekennzeichnet: „Orator in Catil.2".
91 LAS Abt.400.5 Nr.47, S. 509f.
92 LAS Abt.400.5 Nr.47, S. 510.
93 S. hierzu auch Ipsen 1853, S. 234. Die Ritterschaft hoffte, die Salvationsschrift dem König direkt übergeben zu können, damit dieser dann beim Herzog für sie spreche. Jedoch wurde die ritterschaftliche Delegation vom königlichen Kanzler Reventlow abgefangen, dem der König das Amt Hadersleben anvertrauen wollte. Nachdem sie keinen direkten Zugang zum König erlangen konnten, wurde dies beim Herzog vorgebracht. Diese von Krauthoff in seiner Schutzschrift überlieferte Begebenheit spricht für die Annahme, dass die Ritterschaft ein direktes Verhältnis zum Landesherren wünschte und die bösen, gelehrten Ratgeber aus ihrer Sicht ein solches behinderten. Gleichermaßen hatten die Stände auch 1614 unter Umgehung der ungeliebten gelehrten Räte eine direkte Unterhandlung mit den Landesherren begehrt (Lange 1980, S. 106. 109).

misgünstigen unauflöslich anzugreifen sein wird."[94] Es kann daher angenommen werden, dass aus Sicht des Landesadels die Gefahr bestand, dass böse Ratgeber das Liebesband bzw. das Gegenseitigkeitsverhältnis zwischen Herzog und Ritterschaft zu schädigen gedachten. Hinzu kam, dass die Ritterschaft die Bevorzugung verdienter Fremder vor den Einheimischen,[95] als dem Landes-„Adel höchst despectir- und verkleinerlich"[96] betrachtete, zumal genug ebenso fähige Einheimische vorhanden wären, sowie die Ritterschaft ihre Kinder im In- und Ausland teuer ausbilden ließe. Hier wird die Befürchtung erkennbar, dass der Landesadel nicht nur aus seiner angestammten Rolle als Berater und Amtsträger des Landesherrn verdrängt wurde, wodurch er an Rang, Status und sicherlich auch Einkommen verlor, sondern auch allgemeiner formuliert in seiner besonderen Vertrauensstellung im Gegenseitigkeitsverhältnis zu den Landesherren Einbußen erlitt.

4.1.4. Das Landeswohl und das Wohlergehen der Ritterschaft

Indem die beiden Stände an das *väterliche Gemüt* der Landesherren[97] appellierten sowie den Herzog als einen *Vater des Vaterlandes* baten, die Einheimischen den Fremden vorzuziehen,[98] mahnten sie die Fürsorgepflicht des Herzogs gegenüber seinen Untertanen an. Sie erinnerten ihn an diese zudem mit einem Zitat des Arumaeus[99], dass nämlich „*debita charitas erga patriam*"[100] verlange, die Einheimischen den Fremden vorzuziehen. Denn „jedes Fürstenthum Stadt und Land [wird] durch personen seiner nation am bequehmlichsten[101] regiert, item Landleüte werden durch keine andere Uhrsachen mehr in Beschwerden und zerrüttungen gezogen, als wann man fremde und ausländische zu Räthen annimbt".[102] So wurde aus den Passauer Gravamina der Kurfürsten und Reichsstände von 1552 zitiert. Folglich sollte der Fürst aus ständischer Perspektive gemäß seiner Fürsorgepflicht handeln und also im vorliegenden Streitfall die Ämter von Einheimischen regieren lassen.

---

94 LAS Abt.400.5 Nr.47, S. 509.
95 Was sich zweifelsohne in erster Linie auf die Bevorzugung von Winterfeldts bei der Besetzung der Amtmannsstelle in Apenrade beziehen dürfte, da für diese wie dargelegt am 28. August 1641 seitens des Herzogs mit den guten Verdiensten argumentiert wurde. Darüber hinaus wurde hier aber wohl auch allgemein auf die Besetzung vergüteter Positionen mit Landfremden angespielt.
96 LAS Abt.400.5 Nr.47, S. 521f.
97 LAS Abt.400.5 Nr.47, S. 510.
98 LAS Abt.400.5 Nr.47, S. 513.
99 Opet stellte auch hier fest, dass nicht wörtlich, sondern sinngemäß von Krauthoff zitiert wurde (Opet 1923, S.85). Arumaeus galt laut Stolleis 1988, S.214f. mit seiner herausragenden Disputationssammlung, in welcher Arumaeus vor allem mit historischen Beispielen argumentierte, als Begründer des ius publicum. Zu Arumaeus heißt es außerdem in Fenske et al. 2003, S. 310 hinsichtlich der majestas realis (oberstes Recht am Staat) und der majestas personalis (Maß an Rechten, dass dem summus magistratus übertragen wird): „Dominicus Arumaeus (1579-1673) in Jena, nach dessen Discursus academici de jure publico (1620-1623) der Kaiser nur die majestas personalis besitzt, während die majestas realis bei der durch die Stände vertretenen Allgemeinheit bleibt." Demgegenüber stellt Friedrich 1997, S. 52f fest, dass Arumaeus noch nicht „zwischen realer und personaler Majestät" unterschied, obwohl er das Reich als eine Monarchie „mit zwischen Kaiser und Reichsständen geteilter Hoheitsgewalt" ansah. Laut Friedrich verstand Arumaeus „unter der maiestas wie Bodin die durch ein persönliches Subjekt ausgeübte öffentliche Herrschaftsgewalt".
100 LAS Abt.400.5 Nr.47, S. 513.
101 d.h. nutzbringendsten/nützlichsten.
102 LAS Abt.400.5 Nr.47, S. 515.

Bereits im Privileg wurde, nach Angaben Krauthoffs, eine Besetzung der Ämter mit Landesadeligen als Amtleuten dem *Landeswohl* förderlich erachtet: „Es soll niemand als in diesen Landen gebohrne von Adel denen Aembtern fürgesetzet werden, und alle privilegia auch aller Einhalt derselben soll denen Ländern zum Besten ausgedeutet werden."[103] Entsprechende Stellen fand Krauthoff auch in der Privilegienkonfirmation von 1533 und derjenigen Herzog Friedrichs III. von 1616. Hier wurde an entsprechender inhaltlicher Stelle jedoch etwas anders formuliert: die Privilegien sollten „denen Ständen zum Besten"[104] gedeutet werden und man solle die Deutung der Privilegien „ihnen Ritter und Landschaft zum Besten kehren"[105]. Dort lag der Akzent also eher auf dem Wohl der Ritterschaft. Diese verstand wohl das *Standeswohl* und das *Landeswohl* als einander teilweise überlappende Konzepte. Grundsätzlich bezog die Fürsorgepflicht des Fürsten den Adel und die Untertanen mit ein, wenn sie auch nebeneinander standen. Letzteres war z.B. in den zitierten Passauer Gravamina von 1552 der Fall, wo es heißt, dass die „Herren allen Ihren Unterthanen kein Brodt, und ihrem Adel keine Aembter ermangeln laßen"[106] sollen.

4.2. Privilegien, Völkerrecht und das Herkommen

4.2.1. Privilegien und Herkommen

Die unauflösliche Geltungskraft der Privilegien als Teil des eidlich beschworenen Vertragsverhältnisses zwischen Landesherr und Ständen wurde bereits dargestellt. Die Privilegien sind jedoch nicht nur als elementarer Teil der Gegenseitigkeitsbeziehung zwischen Landesherr und Ständen in die Argumentation einbezogen worden. Zusätzlich argumentierten Prälaten und Ritterschaft auch mit dem Inhalt der Privilegien selbst bzw. „den dürren klaren *Buchstaben privilegiorum*"[107], welchen sie mit der zentralen Aussage, dass nur Landesadelige den Ämtern vorstehen dürfen, zitierten. Damit wandten Prälaten und Ritterschaft sich überdies erneut gegen die *bösen Ratgeber*, welche die Privilegien aus ständischer Sicht „in einen andern Verstand detorquieren"[108] wollten. Dass die Privilegien eben nicht verdreht werden durften, hatten sich die Stände immer wieder neu bestätigen lassen.[109]

Als ein Verstärker der Argumentation mit den Privilegien diente das *Herkommen* bzw. das *alte Herkommen*, wobei *alt* als zusätzlicher oder alleiniger positiver Verstärker funktionierte. Im Abschnitt an König Christian IV., in welchem Prälaten und Ritterschaft dem König für sein aus ihrer Sicht richtiges Handeln dankten, formulierte Krauthoff die ständische Haltung: Der König lasse „das *uhralte* denen privilegiis gemäßige *Heerkommen*"[110] gelten. Bezüglich der Ämterbesetzung wolle er „Einhalts

---

103 LAS Abt.400.5 Nr.47 S.521.
104 Für 1533: LAS Abt.400.5 Nr.47, S. 517.
105 Für 1616: LAS Abt.400.5 Nr.47, S. 519.
106 LAS Abt.400.5 Nr.47, S. 515.
107 LAS Abt.400.5 Nr.47, S. 516. 521.
108 LAS Abt.400.5 Nr.47 S. 516.
109 Wie im Kapitel „Die missgünstigen Ratgeber zwischen Landesherren und Ritterschaft" gezeigt werden konnte.
110 LAS Abt.400.5 Nr.47, S. 510.

privilegiorum" und „zumahlen kein ander *Gebrauch* verhanden" Landesadelige verwenden.[111] *Herkommen* ist demnach hier die alte Rechtsgewohnheit, wie sie in den Privilegien fixiert und über alle Jahre in Gebrauch war. Zugleich wurde anscheinend mit dem *alten Herkommen* der Privilegien deren Geltungskraft, also der ständische Anspruch auf Wahrung des Indigenatsrechts, gestützt. So wurde hinsichtlich des Indigenatsrechts von einem „*uhralten jus radicatum* et quaesitum"[112] gesprochen. Die Aufzählung und teilweise Zitierung von Privilegienverleihungen und deren Konfirmationen von 1460 bis 1616[113] kann ebenfalls als Hinweis auf das *alte Herkommen* der Privilegien verstanden werden.

4.2.2. Völkerrecht und Herkommen

Krauthoff stellte an den Anfang der an den Herzog gerichteten Erörterungen die Hoffnung der Ritterschaft, Herzog Friedrich III. werde durch „die nachgesetzte wenige rationes divini *gentium et civilis juris* sich bewegen laßen"[114] seine Haltung gegenüber dem Indigenatsrecht zu ändern. Den Erwägungen aus Völker- und Zivilrecht wurde folglich mit der Verwendung als erstes Argument ein besonderes Gewicht zugesprochen. Gegenüber dem König hatten Prälaten und Ritterschaft unmittelbar zuvor geäußert, dass die Besetzung der Ämter mit Landesadeligen den „geist- und weltlichen Rechten, ja fast vielen Herrschaften Königreichen und Politeyen gleichmäßiger *Observantz*"[115] entspräche. Erneut findet sich auch das *Herkommen* in der Argumentation wieder.

Die Wendungen *ius gentium* und *Völkerrecht* erscheinen gleich zu Beginn des an den Herzog gerichteten Teils insgesamt neun[116] Mal. Zunächst zitierte man Besolds[117] Befund, dass „es von allen Völckern jederzeit also beliebet und gehalten, daß die Landeskinder oder originarii allen und jeden Fremden und einkommenden oder Ausländischen in Aembtern Würden und Dignitaeten sind praeferiret und vorgezogen worden".[118] Hieraus schloß Krauthoff, dass es „dem *jure gentium* und aller *Völcker Recht* gemäß sey, wann Ew.Fürst.Gd. Ihrer Landes eingebohrene denen Fremden und einkommenden in Aemtern und Dignitaeten praeferiren".[119] Da demnach aus ständischer Sicht "unser desiderium in dem *jure gentium* kräfftig bewahret und Grund hat",[120] wurde vom Herzog erwartet, dass er gemäß dem *Völkerrecht* das Gravamen abschaffen und die Einheimischen vorziehen würde.[121] Die Argumentation kann wie folgt zusammengefasst

---

111 LAS Abt.400.5 Nr.47, S. 511.
112 LAS Abt.400.5 Nr.47, S. 521.
113 LAS Abt.400.5 Nr.47, S. 516f.
114 LAS Abt.400.5 Nr.47, S. 511f.
115 LAS Abt.400.5 Nr.47, S. 511.
116 Ius gentium = 6 Nennungen; Völkerrecht = 3 Nennungen.
117 Weiteres hierzu im Kapitel 4.1.2. „Der Vorwurf des Tyrannis und das ständische Widerstandsrecht".
118 LAS Abt.400.5 Nr.47, S. 512.
119 LAS Abt.400.5 Nr.47, S. 512.
120 LAS Abt.400.5 Nr.47, S. 512.
121 LAS Abt.400.5 Nr.47, S. 512f.

werden: Die Bevorzugung der Einheimischen entspricht dem *Herkommen*[122] aller Völker und ist daher Teil des *Völkerrechts*.

Die Vorstellung eines bei allen Völkern üblichen *Herkommens* führte Krauthoff in einem längeren Absatz noch weiter aus. Die Stände erklärten, dass sie sich nicht „novo et insolito[123] more per dictamen juris gentium diesen Vorzug zu behalten, bittlich anstehen, sondern auch daß sie hier vielen Exempel nachgehen".[124] Zu den genannten Beispielen gehört das erfolgreiche schwedische Indigenatsgravamen von 1470. Dann wurde unter Verweis auf einen Blick in die „Reichsconstitutiones"[125] von den bereits erwähnten Passauer Gravamina der Kurfürsten und Reichsstände von 1552 berichtet. Für die Niederlande, Navarra und Ungarn wurde anschließend ohne nähere Ausführung festgestellt, dass die dortigen „*leges fundamentales* [...] [oder] *fundamental Satzungen* keine Fremde zu laßen".[126] Um diese *Fundamentalsatzungen* auf den aktuellen Fall in den Herzogtümern anwenden zu können, zog Krauthoff den Analogschluss, „das gleich wie eines Landes Satzung keinen fremden zum Regenten stuhl zulaßen will, also auch die Ober Aembter deselbigen Landes mit keinen fremden Ausländischen zuberathen noch zubesetzen sind".[127] Krauthoff argumentierte an dieser Stelle mit der Geltungskraft von *leges fundamentales* in anderen Ländern. Aus diesen schloss er auf ein allgemeines *Völkerrecht*, welches aber keineswegs neu und ungewohnt sei, sondern stattdessen, so wird man sich den Gedanken vorstellen dürfen, in den *Fundamentalsatzungen* anderer Länder ein *Herkommen* habe. Die Vorstellung eines Indigenatsrechts als Teil des *ius gentium* reichte also alleine nicht aus, um den Anspruch auf Geltung eines solchen in den Herzogtümern zu untermauern. Wichtig war dessen tatsächliche Verankerung in einer Art internationalem *Herkommen*, wie es schon gegenüber dem König anklang.

4.3. Die Gerechtigkeit Gottes

Die Funktion Gottes in der Argumentation der Stände ist die eines Behüters der Gerechtigkeit, welcher über den Fürsten steht und welchem die Fürsten verantwortlich sind. Gleich im ersten Satz der Salvationsschrift werden die Landesherren daran erinnert, dass sie ihre Stellung als Obrigkeit dem „allerhöchsten Gott" verdanken sowie ihre „Gewalt und *Gerechtigkeit* als seine des Allerhöchsten Stadthalter verüben".[128] Hieran schließt sich der Hinweis auf den Schutz der „von Gott gegebenen Untertanen in sede et jure" an.[129] Krauthoff wollte den Landesherren offenbar ihre Verantwortlichkeit gegenüber Gott ins Gedächtnis rufen. Hieraus folgt nämlich die Annahme, dass die Landesherren „ein gnädiges Auge auf solche beschwerde haben, gleich wie Gott der Herr selber darauf siehet, zumalen Er *Gerechtigkeit* liebt, und seine Augen sehen darauf.

---

[122] Denn dem entspricht "jederzeit also beliebet und gehalten". Wie schon beim Herkommen im Zusammenhang mit den Landesprivilegien handelt es sich hier um eine alte Rechtsgewohnheit, weshalb auch hier von Herkommen gesprochen werden kann.
[123] Hier also „neu und ungewöhnlich" als negativ verstandenes Gegenteil zur alten Gewohnheit, dem Herkommen.
[124] LAS Abt.400.5 Nr.47, S. 513.
[125] LAS Abt.400.5 Nr.47, S. 514.
[126] LAS Abt.400.5 Nr.47, S. 515.
[127] LAS Abt.400.5 Nr.47, S. 515.
[128] LAS Abt.400.5 Nr.47, S. 508.
[129] LAS Abt.400.5 Nr.47, S. 509.

Psal.11."[130] Die nähere Betrachtung des elften Psalms deutet zudem die möglichen Folgen einer landesherrlichen Respektlosigkeit gegenüber *Gottes Gerechtigkeitsliebe* an, welche nämlich in der Strafe Gottes gegen die unrecht Handelnden besteht.

Demnach ist es aus ständischer Perspektive durchaus im Eigeninteresse der Landesherren, sich ihrer Verantwortung gegenüber Gott bewusst zu sein und dementsprechend *Gerechtigkeit* zu üben, was wiederum bedeutet, das ständische Gravamen gnädig zu betrachten, also die Ursachen der Beschwerde abzuschaffen. Die beiden Stände hielten dem Herzog eindringlich vor Augen, dass die Erbhuldigung und der damit verbundene *reciprocus contractus* im Namen und unter Beiwohnung der „Heiligen Dreyfaltigkeit" geschehen waren. Sie baten gleich hierauf folgend, „Ew. Fürstl. Gd. um ihre selbst eigene wohlfahrth willen"[131] zu bedenken, wie es diejenige Ratgeber mit dem Herzog meinten, welche vorschlugen entgegen den Privilegien zu handeln. Da letztere von den Ständen als zentraler Bestandteil der vor Gott beeidigten gegenseitigen Vertragsbindung angesehen wurden, ist hier gemeint, dass gewisse *böse Ratgeber* offenbar den Herzog fahrlässig der Ungnade Gottes aussetzen wollten, indem sie ihn zu unrechtem Handeln aufforderten. Dies war ein schwerer Vorwurf gegen die ohnehin schon vom Landesadel kritisierten gelehrten Räte.

Im Übrigen betrachteten Prälaten und Ritterschaft das Gegenseitigkeitsverhältnis zwischen ihnen und den Landesherren als einem „*ius divinum*"[132] entsprechend. Gott trat als Zeuge des Huldigungsvertrages auf und war darüber hinaus Zeuge sowie Schutzherr jeglicher eidlich vereinbarter Verpflichtungen. Daraus folgt umso mehr die Verpflichtung des Herrn für den *Wohlstand seiner Untertanen* einzutreten, wie diese auch für den seinen eintreten.[133] Hier diente der Verweis auf Gott also zur Verstärkung des Argumentierens mit gegenseitigen Verpflichtungen, wie es bereits eingehender behandelt wurde.

4.4. Zusammenfassung der Argumente der Salvationsschrift

Eine zentrale Rolle in der ständischen Argumentation der Salvationsschrift spielten die Privilegien, die Frage, wie diese zu verstehen seien, sowie das grundlegende Verständnis vom Verhältnis zwischen Herr und Ständen. Die Privilegien besaßen nach dem Verständnis der Stände *vigorem contractus*, welche beide Seiten mit *indissolubila vincula* zur Einhaltung des Vertrages verpflichtete. Der *vigor contractus* hatte ihren Ursprung

---

130 LAS Abt.400.5 Nr.47, S. 510. Der gesamte 11. Psalm lautet: 1.Ein Psalm Davids, vorzusingen. Ich traue auf den Herrn. Wie sagt ihr denn zu meiner Seele: Fliehet wie ein Vogel auf eure Berge? / 2.Denn siehe, die Gottlosen spannen den Bogen und legen ihre Pfeile auf die Sehnen, damit heimlich zu schießen die Frommen. / 3.Denn sie reißen den Grund um; was sollte der Gerechte ausrichten? / 4.Der Herr ist in seinem heiligen Tempel, des Herrn Stuhl ist im Himmel; seine Augen sehen darauf, seine Augenlider prüfen die Menschenkinder. / 5.Der Herr prüft den Gerechten; seine Seele haßt den Gottlosen und die gerne freveln. / 6.Er wird regnen lassen über die Gottlosen Blitze, Feuer und Schwefel und wird ihnen ein Wetter zum Lohn geben. / 7.Der Herr ist gerecht und hat Gerechtigkeit lieb; die Frommen werden schauen sein Angesicht.
131 LAS Abt.400.5 Nr.47, S. 520.
132 LAS Abt.400.5 Nr.47, S. 511f. 522.
133 LAS Abt.400.5 Nr.47, S. 523.

darin, dass die Stände die Privilegien als *praetium*[134] für *bene merita*[135] erhalten hatten. Sie wurden im Rahmen des ebenfalls beide Seiten verpflichtenden *homagium contractus* immer wieder erneuert. Vertragsgewalt bedeutete, dass die Privilegien nicht aus fürstlicher *plenitudo potestas* aufgehoben werden konnten. Auch der *princeps legibus solutus* sei durch *lege conventionis* gebunden. Das Indigenatsrecht als Teil der Privilegien war aus Sicht von Prälaten und Ritterschaft demnach für die Landesherren unauflöslich verpflichtend. Der herzogliche Vertragsbruch durch die Missachtung des Indigenatsrechts berechtigte die beiden Stände ihrer Ansicht nach zum Widerstand gegen den Landesherren. Sie warfen ihm *tyrannisches Handeln* vor, was als weitere Legitimation für ständischen Widerstand verstanden werden konnte.

Grundlage dieser Argumentation ist die Idee eines zwischen den Landesherren und den Landständen auf Leistung und Gegenleistung basierendes Gegenseitigkeitsverhältnisses von landesherrlichem *Schutz* für landständische *Treue* und umgekehrt. Dieses beinhaltet auch, dass die Landesherren die ständischen Privilegien nicht nur nicht auflösen können, sondern durch den *Huldigungsvertrag* auch zu deren Schutz verpflichtet sind. Deshalb brach der Herzog nicht nur den Vertrag durch die Missachtung eines Vertragsinhalts, sondern handelte auch entgegen seiner *Schutzverpflichtung*, wodurch er die Voraussetzung für die *Treue* aufhob.

Die Privilegien waren aus Sicht der Ritterschaft jedoch nicht nur unauflöslich und bindend, sondern auch im *buchstäblichen Sinne* zu verstehen. Die beiden Stände beklagten sich nämlich über die *missgünstigen* und die Privilegien verdrehenden *Ratgeber*. Sie appellierten an die Landesherren sich von diesen nicht beeinflussen zu lassen: Dies beeinträchtige das *Liebesband* zwischen Herr und Ständen, unter welchem das genannte Gegenseitigkeitsverhältnis aus *Schutz von Leib und Rechten* gegen *Liebe und Treue* zu verstehen ist, und die Bevorzugung Fremder setze außerdem die Ritterschaft herab. Die Ritterschaft sah folglich durch die Einmischung und Konkurrenz[136] nichtlandständischer, *missgünstiger Ratgeber* ihr Gegenseitigkeitsverhältnis zu den Landesherren beeinträchtigt und darüber hinaus auch ihre Stellung im Land gefährdet. Letzteres widersprach zudem der fürstlichen Fürsorgepflicht gegenüber dem Adel. Die von Prälaten und Ritterschaft angenommene Fürsorgepflicht des Landesvaters für das Vaterland und seine Untertanen verlangte es, die Einheimischen den Fremden vorzuziehen. Die Ausdeutung des Indigenatsrechts sollte dem *Landeswohl* dienen bzw. dem *Ständewohl*. Die Sorge um das *Ständewohl* dürfte der im Gegenseitigkeitsverhältnis begründeten fürstlichen Verpflichtung zu *Schutz von Leib und Rechten* entsprechen.

Die Begriffe aus diesem Bereich sind: *homagium contractus reciprocus et obligatorius, indissolubila vincula, lex conventionis, praetium et bene merita, Schutz und Treue* bzw.

---

134 praetium (ml.) = pretium.
135 Man beachte, dass der Herzog am 28. August auf die Meriten des Empfängers als Kriterium für die Vergabe eines Amtes verwies.
136 Schließlich ging es um die Besetzung der Amtmannsstelle zu Apenrade entweder weiterhin mit dem landfremden von Winterfeldt, wie es der Herzog wollte, oder mit einem Angehörigen der schleswig-holsteinischen Ritterschaft. Wie erwähnt sah die Salvationsschrift die Schuld für die bisher erfolglosen Beschwerden der Ritterschaft auch bei von Winterfeldt, dem Urheber des Gravamens selbst.

tuitio et subiecto, tyrannicum, ungünstige Ratgeber, Liebesband, debita charitas erga patriam, väterliches Gemüt, denen Ländern zum Besten und denen Ständen zum Besten. Zwei weitere wichtige Begriffe, die jedoch nicht im Sinne der ständischen Argumentation waren, sind: *princeps legibus solutus* und *plenitudo potestas.*

Um die Privilegien bzw. das Indigenatsrecht in seiner Berechtigung und Geltungskraft zu stützen, argumentierten Prälaten und Ritterschaft mit dem *Herkommen* und mit dem *Völkerrecht.* Hierbei waren die Privilegien und das *Herkommen* wechselseitig verstärkend aufeinander bezogen. Zusätzlich zum *Herkommen* und den Privilegien in den Herzogtümern selbst, entsprach das Indigenatsrecht einer Art internationalem *Herkommen* und dem *Völkerrecht.* Hinsichtlich des *Völkerrechts* betonte Krauthoff wiederum ausdrücklich, dass es nicht *novus et insolitus* sei, sondern sich in den *leges fundamentales* anderer Territorien, welche ein Indigenatsrecht vorschrieben, gründe. Es galt offenbar für die Stände die Idee, dass Alter und über einen langen Zeitraum wie auch in vielen Ländern vorherrschende Gewohnheit – also Herkommen – das Indigenatsrecht mit einer größeren Legitimität ausstatteten und dergestalt als positiver Verstärker in der Argumentation dienen konnten. Als negativ angesehen wurde hingegen, was *novus et insolitus* war. Das *Völkerrecht* hatte ebenfalls diese Verstärkerfunktion, benötigte jedoch seinerseits die Fundierung in einem Herkommen in Form von praktischer Geltung in anderen Territorien.[137] Die wesentlichen Begriffe aus diesem Absatz seien noch einmal kurz aufgelistet: *Herkommen, uhralt, Gebrauch, ius gentium/Völkerrecht, leges fundamentalis* sowie das negativ besetzte *novus et insolitus.*

Eines der ersten Argumente der Salvationsschrift war die Verantwortung der Landesherren gegenüber Gott und dessen *Gerechtigkeit.* Denn, so formulierte es Krauthoff für Prälaten und Ritterschaft, Gott liebt die *Gerechtigkeit* und die Landesherren sind ihm als *Statthalter Gottes* verantwortlich. Daher sollen die Landesherren gerecht handeln, indem sie die Rechte der Untertanen schützen, was auch das Indigenatsrecht mit einbezog. Handeln sie ungerecht, droht ihnen die Strafe Gottes. Außerdem betrachtete Krauthoff Gott als Schutzherr jeglicher Vereinbarung, unter dessen Obhut der Huldigungsvertrag geschlossen wurde und stehe. Deshalb sei die Verpflichtung beider Seite sich füreinander einzusetzen und an den Vertrag zu halten umso stärker. Es war Überzeugung der Stände, dass die Landesherren sich Gott gegenüber für ihr Handeln zu verantworten hatten. Außerdem betrachteten sie Gott als Hüter über die Einhaltung des Huldigungsvertrages. Hierbei sind folgende Begriffe verwendet worden: *Gerechtigkeit, des Allerhöchsten Statthalter, ius divinum.*

---

137 Die hierbei verwendete lex fundamentalis wurde in der Salvationsschrift nicht direkt auf die eigenen Privilegien bezogen. Da es aber als Bezeichnung für das Bündel ständischer Recht in anderen Territorien Verwendung fand, die eben nicht Privilegien genannt wurden, kann wohl angenommen werden, dass es den Ständen als Synonym für Privilegien galt und folglich auch auf ihre eigenen bezogen werden konnte. Allerdings wurde es nicht argumentativ verwendet.

5. Die Antworten der Landesherren und die ständische Entschuldigungsschrift

Wie die beiden Landesherren unterschiedlich von der Ritterschaft angesprochen wurden, so reagierten sie auch unterschiedlich. Der König antwortete schon am 21. Januar in ausführlicher Form,[138] während der Herzog erst am 28. Januar eine Antwort verfassen ließ und sein Exemplar der Salvationsschrift gemeinsam mit seinem Antwortschreiben an Prälaten und Ritterschaft zurückschickte.[139] Sie stimmten jedoch darin überein, dass die Salvationsschrift eine Störung des Gegenseitigkeitsverhältnisses zwischen Landesherren und Ritterschaft bedeutete. Jedoch sagte der König Prälaten und Ritterschaft seine fortgesetzte Gnade zu[140], wohingegen der Herzog sich äußert ungnädig äußerte und sich zunächst eine weitere Ahndung vorbehielt.[141]

Der König erwähnte in seiner Antwort in sehr kurzer Form zwei der ständischen Argumente, nämlich erstens die Privilegien und zweitens die „in der Heil. Dreyfaltigkeit Praesens gethane Eydliche zusage".[142] Christian IV. sah in den Privilegien jedoch kein Verbot, auch „andere getreue Diener mit ihren Aemtern zu begnaden"[143], und bestand außerdem darauf, dass ihm als *concessori privilegiorum* in Zweifelsfällen die Interpretation zustünde.[144] Darüber hinaus argumentierte er mit dem Gebrauch in der Praxis, indem er feststellte, dass das betroffene Amt Apenrade „viele Jahre ohne Einreden von Schreibern verwaltet"[145] worden sei. Dennoch versicherte er, die Ritterschaft auch weiterhin den Fremden vorzuziehen. Dies geschehe jedoch allein aus *Affektion*, da den Landesherren „die freye Disposition über ihre freie Erbämter"[146] zustehe, weshalb er sich keine Beschränkung in der Bestallung der Ämter auferlegen lasse.[147]

Insbesondere aber warf er den Ständen Undank vor, was auf eine mangelnde Erfüllung des ständischen Parts im Gegenseitigkeitsverhältnis hinausläuft. Zunächst erinnerte er daran, dass trotz der *unsicheren Zeiten* die Herzogtümer florierten. Dann warnte er Prälaten und Ritterschaft, sich „in Mangel *schuldiger Danckbarkeit* durch unzeitiges Klagen gegen die Obrigkeit [...] nicht *Gottes Zorn*"[148] zuzuziehen. Für die lange Jahre aus *Affektion* gewährte Vergabe der Ämter an Landesadelige sollten diese zudem „*unterthänigsten dienst*, und *ungefährliche Treue*" leisten.[149] Hier setzte auch der Herzog in seinem Begleitschreiben zur Rückstellung der Salvationsschrift an die Ritterschaft an und äußerte, dass er auf seine „*landesväterliche Gnade* [...], sonderbahre Sanftmuth und Milde [...] schuldigen *unterthänigen Respect, Treu und Gehorsam*"[150] zu

---

138 LAS Abt.400.5 Nr.47, S. 524-530.
139 LAS Abt.400.5 Nr.47, S. 530f.
140 LAS Abt.400.5 Nr.47, S. 529f.
141 LAS Abt.400.5 Nr.47, S. 531.
142 LAS Abt.400.5 Nr.47, S. 525.
143 LAS Abt.400.5 Nr.47, S. 527f.
144 LAS Abt.400.5 Nr.47, S. 527ff.
145 LAS Abt.400.5 Nr.47, S. 527.
146 LAS Abt.400.5 Nr.47, S. 527.
147 LAS Abt.400.5 Nr.47, S. 527f. 530.
148 LAS Abt.400.5 Nr.47, S. 527.
149 LAS Abt.400.5 Nr.47, S. 528f.
150 LAS Abt.400.5 Nr.47, S. 531.

erhalten erwartet hätte. Stattdessen sah sich Herzog Friedrich III. in seiner „*fürstl. Reputation*"[151] berührt.

Zur Antwort des Herzogs ist auch die eingangs behandelte Verhaftung Krauthoffs unter schimpflichen Umständen zu zählen. In ihrem Bericht über die Verhaftung und Inhaftierung Krauthoffs gaben der Gottorfer Kanzler von Wietersheim und der Gottorfer Rat Dr. Kielmann die Begründung für das Vorgehen gegen Krauthoff wieder: „Zu Erweisung der Sr.Fürst.Gd. zustehenden hohen *landesfürstl. Macht und rechtmäßiger Gewalt*" und damit Prälaten und Ritterschaft sowie der Landsyndikus sich in Zukunft gegenüber den Landesherren etwas zurückhaltener äußern würden.[152] Die Ohrfeige wurde sogar ausdrücklich mit dem Tyrannisvorwurf und anderen Unziemlichkeiten begründet.[153]

Durch die Verhaftung des Landsyndikus' zwang der Herzog die Ritterschaft zu einem Rückzug. Die Vertreter des Landesadels hatten sich weit vorgewagt und eine weichere Reaktion oder auch nur ein Eingehen auf die Argumente und Vorwürfe hätte Bodengewinn für Prälaten und Ritterschaft und politischen Machtverlust für den Herzog bedeutet. Er musste ein Zeichen seiner *landesfürstlichen Macht* setzen.[154] Gerechtfertigt war dies nach landesherrlicher Darstellung durch den Undank der beiden Stände, durch welchen diese ihren Teil im Gegenseitigkeitsverhältnis nicht erfüllt hatten, sondern stattdessen die *Reputation* des Herzogs gekränkt hatten. Nach dem Entzug der herzoglichen Gnade blieb den Vertretern von Prälaten und Ritterschaft nichts anderes übrig, als zu beteuern, dass sie keine Verletzung der fürstlichen *Reputation* beabsichtigt hätten, und dem Herzog eine ausführlichere Entschuldigungsschrift auf dem nächsten Landtag zu versprechen. Hierfür erlangten sie, dass der Herzog Prälaten und Ritterschaft wieder seine *Gnade* versicherte.[155] Letzteres dürfte einer vorläufigen Heilung des Gegenseitigkeitsverhältnisses gleichgekommen sein, die einer Festigung auf dem kommenden Landtag bedurfte.

In ihrer an den Herzog gerichteten Entschuldigungsschrift auf dem Landtag im September 1642 sahen sich Prälaten und Ritterschaft gezwungen, hinter das in der Salvationsschrift formulierte Verständnis ihrer Beziehung zu den Landesherren zurückzugehen. Sie bezeichneten sich selbst als Landeskinder und Untertanen des herzoglichen Landesvaters, dem sie nach göttlichem Willen durch Geburt zugeordnet seien.[156] Das klang weniger nach Vertragspartnern mit gegenseitigen Verpflichtungen, als vielmehr nach abhängigen Erbuntertanen. Ferner beeilten sich die beiden Stände erneut zu versichern, dass sie nicht beabsichtigt hätten, „dero fürstl. Ehren einigen Unglimpf beyzufügen".[157] Es sei ihnen nur um die Erhaltung ihrer Privilegien gegangen.[158] Sie

---

151 LAS Abt.400.5 Nr.47, S. 531.
152 LAS Abt.400.5 Nr.47, S. 538.
153 LAS Abt.400.5 Nr.47, S. 539.
154 Was auch der König ähnlich empfunden haben dürfte, wenn er schrieb: „Weilen man aber itzo die Landesfürsten zu sehr einzubinden sich unterstehet; Als werden sich auch was zur Salvation Ihrer jurium nöthig zu beobachten haben" (LAS Abt.400.5 Nr.47, S. 529).
155 LAS Abt.400.5 Nr.47, S. 540ff, 545. 547; Ipsen 1852, S. 239.
156 LAS Abt.400.5 Nr.47, S. 548.
157 LAS Abt.400.5 Nr.47, S. 549f.

baten den Herzog sie in ihren „*uhralten wohlhergebrachten* privilegiis zu schützen".[159] Deutlich distanzierten sie sich auch von den beiden für den Herzog schmerzlichsten Punkten, nämlich dem Tyrannisvorwurf und dem Widerstandsrecht. Zu letzterem erklärten sie, dass Gott und ihre Vernunft sie davor behüten mochten, dass sie zu ihrem eigenen Verderben an den Ästen des „Regentenbaumes" sägten. Betreffend das Tyranniszitat strichen sie heraus, dass sie sich bereits in der Salvationsschrift von diesem distanziert hätten.[160] Großen Wert legten Prälaten und Ritterschaft auch darauf, dass sie zur Abfassung einer gesonderten Beschwerdeschrift genötigt worden waren, weil man ihre Deputation im August 1641 nicht zur Unterredung mit dem Herzog durchgelassen hätte, und weil es ihnen nicht möglich gewesen war, die Salvationsschrift dem Herzog mündlich zu interpretieren. Die Schuld für die Nichtbeachtung ihrer Gravamina, so erinnerten sie an den Inhalt der Salvationsschrift, sei niemals dem Fürsten zugeschrieben worden.[161] Tatsächlich wurde sie den *bösen Räten* zugeschrieben. Kritik an landesherrlicher Politik auf indirektem Wege über Anschuldigungen gegen die fürstlichen Ratgeber vorzubringen, war ein verbreitetes Verfahren.[162]

Auf Letzteres geht Herzog Friedrich III. in seiner Antwort auf die Entschuldigung insoweit ein, dass er festhalten ließ, er habe das jetzige Schreiben der Prälaten und der Ritterschaft „empfangen und selbst verlesen"[163] wie er auch bereits die Salvationsschrift „von worten zu worten verlesen, und keines referenten sich hierunter bedienet."[164] Also stellte er sich vor seine gelehrten Räte und machte zugleich deutlich, dass er sich weiterhin persönlich mit den Anliegen der Stände befasse. Auf die ständische Bitte, die Privilegien zu schützen, sowie die damit einhergegangene Versicherung ständischer *Treue und Gehorsams*, reagierte er freundlich und versicherte die Ritterschaft seiner *Gnade* und des Schutzes der Privilegien.[165] Dies tat er ausdrücklich trotz des Umstandes, dass die „nachdencklichen Worte und enthaltene Allegationes"[166] seiner Erinnerung nach nie zuvor verwendet worden seien. Jedenfalls heilte er durch seine Bestätigung abschließend das Gegenseitigkeitsverhältnis mit den Ständen, indem er *Gnade* und *Schutz* gegen *Treue* und *Gehorsam* zusagte, wie es zuvor Prälaten und Ritterschaft erbeten hatten.

6. Vergleich der Argumente von 1545 bis 1642

Bei einem Vergleich der erfassten Argumente wird deutlich, dass es zum einen Kontinuitäten innerhalb bestimmter ständischer Argumentationslinien gab und zum anderen Innovationen in der Salvationsschrift von 1642 erkennbar werden. Im gesamten Zeitraum erinnerte die ständische Seite immer wieder an ihre Privilegien, die sie im *buchstäblichen Sinne* ausgelegt wissen wollte. Bereits 1614 befassten sich die Stände mit der

---

158 LAS Abt.400.5 Nr.47, S. 549f.
159 LAS Abt.400.5 Nr.47, S. 553.
160 LAS Abt.400.5 Nr.47, S. 550f.
161 LAS Abt.400.5 Nr.47, S. 549-552.
162 Stollberg-Rilinger 1999, S. 104.
163 LAS Abt.400.5 Nr.47, S. 554.
164 LAS Abt.400.5 Nr.47, S. 555.
165 LAS Abt.400.5 Nr.47, S. 554ff.
166 LAS Abt.400.5 Nr.47, S. 554.

Frage der fortgesetzten Geltung der Privilegien, welche von den Landesherren in Frage gestellt worden war. Die fortgesetzte Wirkungskraft der Privilegien wurde sowohl 1614 als auch in der Salvationsschrift mit der beeidigten Privilegienkonfirmation durch die Landesherren begründet.

Eine ausführliche Erörterung ihres Verständnisses der Privilegien legten die Stände jedoch erst in der Salvationsschrift vor, in welcher den Privilegien *vigor contractus* und *indissolubila vincula* im Rahmen des Gegenseitigkeitsverhältnisses von Landesherren und Ständen zugesprochen wurde. Auf dieses Gegenseitigkeitsverhältnis war in der Salvationsschrift auch die Argumentation mit der landesherrlichen Fürsorgepflicht für das *Landeswohl* und *Ständewohl* bezogen. Damit einher ging zudem ihre Beschwerde über Missdeutungen der Privilegien durch *böse Ratgeber* und das Bestreben in direkten Kontakt zum Herzog treten zu können. Vor allem aber wurde in der Salvationsschrift den Landesherren das Recht abgesprochen, den *contractus reciprocus* mit den Ständen einseitig verändern zu können. Die Ritterschaft beanspruchte stattdessen bekanntermaßen ein Widerstandsrecht bei Vertragsbruch durch die Landesherren bzw. bei Vernachlässigung der landesherrlichen Verpflichtungen im Gegenseitigkeitsverhältnis. Die Erwähnung des Widerstandsrechts stellte zweifelsohne die spektakulärste Innovation der beiden Stände dar. Es war jedoch lediglich das weitgehendste Argument innerhalb der ständischen Argumentation mit der Gegenseitigkeit im Verhältnis von Landesherr und Ständen, welche die Salvationsschrift dominierte. Prälaten und Ritterschaft versuchten letztlich ihr Verständnis von der Beziehung zwischen ihnen sowie König und Herzog als allgemein gültig durchzusetzen. Wäre ihnen dies gelungen, hätten sie die Regeln der politischen Kultur in Schleswig-Holstein zu ihren Gunsten beeinflussen können.

Während jedoch noch 1614 die königliche Seite in einer internen Diskussion mit dem Herzog die eidliche Bindung und beschworene Vertragsgewalt der Privilegien anerkannte und demzufolge dem landständischen Verständnis gegenseitiger Bindung und Verpflichtung entsprach, war der Antwort des Königs auf die Salvationsschrift etwas anderes zu entnehmen. Der König betonte wiederholt, dass die Beachtung des Indigenatsrechts *bloß aus Affektion* gegenüber der Ritterschaft erfolgt sei und diese hierfür *untertänigen Dienst* zu leisten hätte. Ferner beanspruchte er die oberste Interpretationsgewalt über die Privilegien und freie Verfügung über die Ämter. Der ritterschaftlichen Vorstellung eines im Gegenseitigkeitsverhältnis von *Schutz* und *Treue* mit den Landständen verpflichtend gebundenen Landesherren setzte er folglich das Bild eines in seinem Handeln freien Fürsten entgegen, der aus eigenem Willen seine *Affektion* dem Adel gewährte und hierfür dessen *Treue* erwarten dürfe. Dementsprechend konterte er die ständischerseits in der Salvationsschrift, wie schon 1641, angeführte Mahnung, die Fürsten sollten sich zur Vermeidung von *Gottes Zorn und Strafe* an die Gerechtigkeit[167] halten, mit dem Hinweis, dass die Stände sich auf Grund ihrer *Undankbarkeit* gegen ihre Fürsten selbst vor *Gottes Zorn* in Acht nehmen sollten. Abschließend sei nicht unerwähnt, dass König Christian IV. sein Recht auf freie Vergabe der Ämter auf *andere*

---

167 Gerechtigkeit konnte, wie oben erläutert wurde, zum einen als Schutz der ständischen Rechte und zum anderen als gleichmäßige Lastenverteilung verstanden werden.

getreue Diener bezog. Dies kann im Kontext der soeben dargelegten Erwägungen dahingehend verstanden werden, dass die königliche *Affektion* eben nicht länger automatisch dem Landesadel zufalle, sondern mehr an den treuen Dienst als an die Herkunft gebunden sei. Damit schloss sich der König der herzoglichen Position an, dass *Meriten und Qualifikation* ausreichend seien für eine Amtmannsbestallung. Von einer Anerkennung der Vertragsbindung zu den Ständen war 1642 bei Christian IV. insofern nichts mehr zu erkennen.

Herzog Friedrich III. formulierte in Reaktion auf die Salvationsschrift analog zum König eine die ständische Auffassung zurückweisende Vorstellung des Verhältnisses von Fürst und Ritterschaft: landesherrlicher *Gnade und Sanftmut* solle *untertänige Treue und Gehorsam* entgegengebracht werden. Außerdem brachte er mit dem Vorwurf, die *fürstliche Reputation* verletzt zu haben, die Ritterschaft in die Defensive, so dass diese mit diversen Entschuldigungen gegenüber dem Herzog diesen Vorwurf zu entkräften suchte. Offensichtlich hatte die *fürstliche Reputation* um 1642 in Schleswig-Holstein einen hohen Stellenwert, der es den Ständen erschwerte, ihre Kritik an den Landesherren zu formulieren. Immerhin akzeptierte der Herzog die ritterschaftliche Entschuldigung und versprach gegen *Treue und Gehorsam* neben seiner *Gnade* sogar den *Schutz* der Privilegien. Da jedoch von Winterfeldt noch bis 1655 im Amt blieb,[168] dürfte sich dieses Versprechen nicht unbedingt auf die konkrete Einhaltung des Indigenatsrechts bezogen haben. Es könnte stattdessen vielmehr als eine allgemeine Zusicherung im Rahmen der Gnadengewährung und der Heilung des Gegenseitigkeitsverhältnisses verstanden werden. Andererseits sind für die weitere Herrschaft Friedrichs III. tatsächlich keine weiteren Brüche des Indigenatsrechts für die Hauptämter bekannt.

Eine konkrete Infragestellung der Geltung der Privilegien, wie noch 1614 geschehen, vermieden die Landesherren im Zusammenhang der Auseinandersetzung um das Indigenatsrecht in den Jahren 1641 und 1642. Stattdessen beanspruchten sie mehr oder minder offen, ungebunden handeln und frei entscheiden zu können, wie die Privilegien zu deuten sein. Wenn zudem betrachtet wird, dass es 1614 zu einem Kompromiss zwischen Landesherren und Ständen kam, der hinter der landesherrlichen Argumentation zurückfiel, 1642 hingegen die Stände zurechtgewiesen wurden und hinter die Vorstellungen in der Salvationsschrift zurückwichen, muss von einer Verschiebung im politischen Kräfteverhältnis zu Gunsten der Landesherren ausgegangen werden.

Ungewöhnlich und neu in der ritterschaftlichen Argumentation war neben der Berufung auf das Widerstandsrecht auch die Verwendung zahlreicher Zitate zur Untermauerung der eigenen Position.[169] Diese standen neben ihrer Bedeutung für die Erläuterung des Gegenseitigkeitsverhältnisses vor allem auch im Zusammenhang mit der Argumentation mit *Völkerrecht* und *Herkommen*. Der Verweis auf das *Völkerrecht* war neu in der ständischen Argumentation. Durch die Betonung des internationalen *Herkommens* und der Fundierung in den *leges fundamentales* anderer Territorien schloss es sich jedoch an die bekannte ständische Argumentation mit den Gewohnheiten in anderen Ländern an. Da-

---

168 Bischoff 1996, S. 278.
169 LAS Abt.400.5 Nr.47, S. 554; Opet 1923, S. 89; Lange 1980, S. 115f.

mit war das *Völkerrecht* vom Begriff her zwar ein neues ständisches Argument, baute jedoch auf einer bekannten Argumentation auf.

Hinsichtlich der durch die Zitate in der Salvationsschrift in den politischen Alltag der Herzogtümer eingeflossenen theoretischen Ebene lässt sich sagen, dass sie vor allem zur zusätzlichen Legitimation der ritterschaftlichen Vorstellungen diente. Darüber hinaus war sie bezüglich des Widerstandsrecht mit der Salvationsschrift verknüpft. Folglich brachte Krauthoff, der wie berichtet über das Widerstandsrecht promoviert worden war, die theoretische Ebene in die Salvationsschrift ein. Ihr entstammt insbesondere das Tyrannszitat, welches in der in schleswig-holsteinisch bis dahin verwendeten politischen Sprache neu und ungewöhnlich war. Eine Kenntnis der zitierten Autoren dürfte für das volle Verständnis der ständischen Argumentation durch die landesherrliche Seite hilfreich jedoch nicht notwendig gewesen sein. Die ständischen Argumente und die in sie eingebetteten Zitate besaßen auch für sich genommen bereits ausreichend Aussagekraft. Zitiert wurde im Übrigen aus zeitgenössischen theoretischen Autoren sowie aus antiken Schriften und der Bibel.

7. Schluss

Mit ihrer vom Landsyndikus Krauthoff konzipierten Salvationsschrift vom 19. Januar 1642 wollten Prälaten und Ritterschaft vordergründig ihren Anspruch auf die Besetzung der Hauptämter mit Einheimischen von Adel untermauern. Die harsche Reaktion der Landesherren war auf Grund der teilweise entehrenden Vorwürfe und in den Herzogtümern ungewöhnlichen Argumente *Tyrannei* und Widerstandsrecht verständlich.

Die genaue Analyse der ritterschaftlichen Argumentation in der Salvationsschrift konnte jedoch zeigen, dass das Widerstandsrecht als zweifelsohne spektakulärste Innovation doch nur eine letzte Konsequenz der sehr ausführlichen Argumentationslinie eines den Fürsten bindenden Gegenseitigkeitsverhältnisses bildet. Die ständische Vorstellung war von einem personalen Herrschaftsverständnis geprägt, wie z.B. das Bemühen um direkten Kontakt zwischen ritterschaftlichen Vertretern und dem Herrscher deutlich machte. Wesentlicher Aspekt war die gegenseitige Verpflichtung zweier Partner auf Grund von Dienst und Gegenleistung. Einer Innovation in der Argumentation stand demnach ein Verständnis von Landesherr und Landständen gegenüber, das mehr an mittelalterliche Lehensbeziehungen als an moderne Staatlichkeit erinnert. Die erstmals so ausführlich vorgetragene Erörterung der landständisch-fürstlichen Beziehungen musste den Landesherren missfallen. Versuchten doch Prälaten und Ritterschaft in letzter Konsequenz, den von ihnen begrifflich-argumentativ besetzten Raum auszudehnen, um die Deutungshoheit über das Verhältnis zu den Landesherren zu erringen.

Die Landesherren wehrten dieses Vordringen der Stände jedoch ab, ohne auf die Argumente der Stände näher einzugehen und im Falle des Herzogs unter Anwendung körperlicher Gewalt gegen den Syndikus der Stände. König und Herzog konterten den Vorwurf des Vertragsbruchs, ohne diesen zu nennen, mit dem Vorwurf des *Undanks*. Wegen ständischen *Undanks* sahen nämlich die Landesherren ihrerseits das Verhältnis zu Prälaten und Ritterschaft als gestört an. Eine endgültige Aufhebung dieser Störung konnten die beiden Stände dann gegenüber dem Herzog erst durch eine Entschuldigungsschrift erreichen, in welcher sie hinter die in der Salvationsschrift bezogenen Positionen zurückgingen.

Das im Wesentlichen vom König formulierte landesherrliche Verständnis der Beziehung zu den Ständen lehnte eine Bindung des Landesherren per Vertrag ab und erklärte stattdessen, dass Begnadungen auf Grund von *Affektion* gegenüber der Ritterschaft erteilt wurden. Mit dem Anspruch auf oberste Deutungsautorität hinsichtlich der Privilegien verwies er die Stände zudem auch für die Zukunft in ihre Schranken. Mit diesen Positionen hatte sich Christian IV. deutlich von seiner 1614 geäußerten Ansicht entfernt, dass die Fürsten durch Eid an die Privilegien gebunden seien. Es kommt hinzu, dass die Landesherren sich 1614 noch genötigt sahen, ihre Infragestellung des Indigenatsrechts ausführlich zu begründen und auf Argumente der Stände einzugehen sowie letztlich in einem Kompromiss das Indigenatsrecht anzuerkennen. Dies ist ein deutlicher Unterschied zur kalten Abfuhr welche die Stände im August 1641 durch den Herzog und im Januar 1642 als Antwort auf ihre Salvationsschrift erhielten. Offensichtlich hatte sich die politische Kultur soweit gewandelt, dass Prälaten und Ritterschaft mit ihren ausführlich und fundiert dargestellten Ansichten und ihrer für Schleswig-Holstein teilweise innovativen Argumentation ins Leere liefen. Die Landesherren sahen sich nicht genötigt mit den Ständen intensiver zu diskutieren. Stattdessen forderte der Herzog Genugtuung für die Schädigung seiner *Reputation* und setzte mit der Inhaftierung Krauthoffs ein Zeichen seiner landesfürstlichen Macht gegenüber Prälaten und Ritterschaft. Dem hatte die Ritterschaft nichts Wirksames entgegenzusetzen.

Dass es neben Veränderung auch Kontinuität gab, ist daran zu erkennen, dass der Herzog auf die Bitte um *Schutz* der Privilegien, welche in der Entschuldigungsschrift in Verbindung mit der Versicherung gehorsamster *Treue* an ihn herangetragen wurde, positiv antwortete, sich also zum *Schutz* der Privilegien bereiterklärte. Das erscheint zunächst kurios, wenn man bedenkt, dass er etwa ein Jahr zuvor seinen Bruch des Indigenatsrechts offen verteidigte, und dass von Winterfeldt bis 1655 Amtmann zu Apenrade blieb. Unter dem Aspekt einer fortdauernden Gegenseitigkeit im Verhältnis von Landesherr und Ständen war es jedoch nur folgerichtig, dass er auf die untertänig vorgetragene Bitte und Treueversicherung seinerseits wieder *Gnade* und *Schutz* gewährte.

Im Übrigen sind auch außer der Bestallung des königlichen Kanzlers von Reventlow und des gottorfischen Rates von Winterfeldt für die nähere Zukunft keine weiteren Verstöße gegen das Indigenatsrecht bekannt. Ganz offenbar ging es den Landesherren nicht um eine konsequente Beseitigung des Indigenatsrechts in der praktischen Bestallungspolitik. Wie auch die Salvationsschrift über die Frage des Indigenatsrechts hinausging, waren die Landesherren vor allem bestrebt, sich nicht durch die Stände binden und festlegen zu lassen. In ihrer landesfürstlichen Macht bzw. wie die Stände es nannten *plenitudo potestas* wollten sie unabhängig entscheiden können, welchem getreuen Diener sie eine Bestallung gewähren wollten.[170]

Wie erläutert, hatten zudem im gottorfischen Teil der Herzogtümer keineswegs kontinuierlich adelige Amtleute den Hauptämtern vorgestanden.[171] Auch dies deutet darauf hin, dass keine systematische Ersetzung von Landesadeligen durch Fremdadelige stattfand. Wenn Kostenersparnis gewünscht wurde, verzichtete man eher auf die Besetzung der Amtmannstelle zu Gunsten der Verwaltung durch den Amtschreiber. Diese Praxis wurde ständischerseits auch nicht kritisiert.[172] Hier stellt sich auch die Frage, wer denn überhaupt die Salvationsschrift unterschrieb? Das war die Funktionselite der Stände, nämlich Amtmänner und Landräte im landesherrlichen Dienst. Zieht man in Betracht, dass Amtmannstellen weniger als Verwaltungsaufgabe, denn als Pfründe für treue Dienste zu verstehen waren, wird deutlich, dass es sich auch um einen Konflikt zwischen der fremdstämmigen und der landesadeligen Funktionselite über die Verteilung von Pfründen handelte.

In Anbetracht der Ausführlichkeit der Salvationsschrift und ihrer sehr grundsätzlichen Argumentation kann die Angelegenheit jedoch nicht auf einen Konflikt um Pfründe beschränkt sein. Vielmehr ist unter Hinzuziehung der ritterschaftlichen Klagen über die bösen Ratgeber davon auszugehen, dass die erfolglosen Beschwerden des Jahres 1641 bei der ritterschaftlichen Führung eine starke Besorgnis auslöste, von den fremden Räten zunehmend aus dem angestammten Verhältnis zu den Landesherren herausgedrängt und ihres rechtmäßig privilegierten Platzes beraubt zu werden. Sie sahen sich daher gezwungen, ihr Verständnis der Beziehung zur Herrschaft eindringlich darzulegen. Die Ereignisse zeigten gleichwohl, dass die ritterschaftliche Funktionselite die Entwicklung nicht zurückdrehen konnte. Auch in den Herzogtümern vollzog sich die gesamteuropäisch zu beobachtende Entwicklung einer Veränderung im Verhältnis zwischen Ständen und Fürsten zu einer üblicherweise dominierenden Stellung der Fürsten.

Abschließend noch einige Bemerkungen zum argumentationsgeschichtlichen Vorgehen, das jedoch hier nicht grundlegend thematisiert werden kann. Im Zentrum der Untersuchung stand das Verständnis der politischen Kultur im Schleswig-Holstein des 17. Jahrhunderts. Die intensive Befassung mit den Argumenten einer konkreten, politischen Auseinandersetzung eines Reichsterritoriums ermöglichte eine weitgehende Annäherung an die politische Kultur der Zeit in ihrer argumentativen Gestalt. In den Argumenten der politischen Akteure ließen sich deren politische Ideenräume und die damit verknüpften Verhaltensmuster abmessen. Gerade in der untersuchten Krauthoffaffäre konnten zudem die Grenzen der Argumentation aufgezeigt werden und es spielte, etwa mittels der Ohrfeige gegen Krauthoff, auch die symbolische Auseinandersetzung mit hinein.[173] Das Selbstverständnis von Landständen und Landesherren bzw. ihr Verständ-

---

170 LAS 400.5 Nr.47, S. 527f.
171 Bischoff 1996, S. 274. 278.
172 Das Amt Apenrade wurde z.B. „viele Jahre ohne Einreden von Schreibern verwaltet". LAS Abt.400.5 Nr.47, S. 527.
173 Der sogenannte „Backenstreich" erfolgte auf Befehl des Herzogs und war somit ein geplanter Akt der Demütigung (LAS Abt.400.5 Nr. 47, S. 538f.).

nis des gegenseitigen Verhältnisses konnte nur mit Hilfe der argumentationsgeschichtlichen Analyse derart detailliert und systematisch erhellt werden. Die differenzierte Untersuchung der politischen Sprache und Kultur in Schleswig-Holstein kann ein Baustein in der Betrachtung der gesamteuropäischen Entwicklung sein und gestattet durch die Herausarbeitung bestimmter Argumentationsmuster den Vergleich mit Entwicklungen in anderen Territorien sowie den Vergleich mit der Entwicklung der politischen Theorien der Zeit.

Quellen

Landesarchiv Schleswig (LAS) Abt. 400.5.
Landesarchiv Schleswig (LAS) Abt. 7.

Besold 2000 = Christoph Besold: Synopse der Politik, übersetzt von Cajetan Cosmann, hgg. von Laetita Boehm, Frankfurt am Main und Leipzig 2000 (Übersetzung der Synopsis Politicae Doctrinae, Ingolstadt 1637).

Jensen / Hegewisch 1797 = Privilegien der Schleswig-Holsteinischen Ritterschaft. Von den in der Privilegienlade befindlichen Originalen genau abgeschrieben und mit denselben verglichen, hgg. von F. C. Jensen und D. H. Hegewisch, Kiel 1797.

Literatur

Andresen / Stephan 1928 = Ludwig Andresen / Walter Stephan: Beiträge zu Geschichte der Gottorfer Hof- und Staatsverwaltung von 1544-1659, 2 Bde. Kiel 1928.

Bischoff 1996 = Malte Bischoff: Die Amtleute Herzog Friedrichs III. von Schleswig-Holstein-Gottorf (1616-1659). Adelskarrieren und Absolutismus, Neumünster 1996.

Dreitzel 1992 = Horst Dreitzel: Absolutismus und ständische Verfassung in Deutschland. Ein Beitrag zur Kontinuität und Diskontinuität der politischen Theorie in der Frühen Neuzeit, Mainz 1992.

Eßer 2004 = Raingard Eßer: "Weil ein jeder nach seinem habenden Verstande... seine Meinung nach aller Völker Rechten ungehindert außzusprechen hat": Herrschaft und Sprache auf frühneuzeitlichen Landtagen, in: Herrschaft in der Frühen Neuzeit. Umrisse eines dynamisch-kommunikativen Prozesses, hgg. von Markus Neumann und Ralf Pröve, Münster 2004, S. 79-95.

Fridericia 1895 = J.A. Fridericia: Christoph Krauthoff, in: Dansk Biografisk Lexikon, Bd.9, Kopenhagen 1895, S. 471f.

Friedrich 1997 = Manfred Friedrich: Geschichte der deutschen Staatswissenschaft, Berlin 1997.

Hans Fenske et al.: Geschichte der politischen Ideen von der Antike bis zur Gegenwart, Frankfurt (aktualis. Neuausgabe) 2003.

Ipsen 1852 = Adolf Ipsen: Die alten Landtage der Herzogthümer Schleswig-Holstein von 1588-1675, Kiel 1852.

Koselleck 1972 = Reinhart Koselleck: Einleitung, in: Geschichtliche Grundbegriffe. Historisches Lexikon zur politisch-sozialen Sprache in Deutschland, hgg. von Otto Brunner, Werner Conze, Reinhart Koselleck, Stuttgart 1972, S. XIII-XXVII.

Koselleck 1978 = Reinhart Koselleck: Begriffsgeschichte und Sozialgeschichte, in: Historische Semantik und Begriffsgeschichte, hgg. von Reinhart Koselleck, Stuttgart 1978, S.19-36.

Lange 1980 = Ulrich Lange: Die politischen Privilegien der schleswig-holsteinischen Stände 1588-1675. Veränderung von Normen politischen Handelns, Neumünster 1980.

Lange 2003 = Ulrich Lange: Stände, Landesherr und große Politik – vom Konsens des 16. zu den Konflikten des 17. Jahrhunderts. Lokale Herrschaft und die Entstehung frühmoderner Staatlichkeit, in: Geschichte Schleswig-Holsteins. Von den Anfängen bis zur Gegenwart, hgg. von Ulrich Lange, Neumünster (2. Aufl.) 2003, S.153-190.

Linke / Nussbaumer / Portmann 1996 = Angelika Linke / Markus Nussbaumer / Paul R. Portmann: Studienbuch Linguistik, Tübingen 1996.

Opet 1923 = Otto Opet: Christoph Krauthoff. Ein Beitrag zum Schleswig-Holsteinischen Rechtsleben des 17. Jahrhunderts, in: Zeitschrift der Gesellschaft für Schleswig-Holsteinische Geschichte 52 (1923), S. 72-116.

Reinhard 2000 = Wolfgang Reinhard: Geschichte der Staatsgewalt. Eine vergleichende Verfassungsgeschichte Europas von den Anfängen bis zur Gegenwart, München (2. durchges. Aufl.) 2000.

Reinhard 2001 = Wolfgang Reinhard: Was ist europäische politische Kultur? Versuch zur Begründung einer politischen Historischen Anthropologie, in: Geschichte und Gesellschaft, 27 (2001), S. 593-616.

Schulz 1978 = Heiner Schultz: Begriffsgeschichte und Argumentationsgeschichte, in: Historische Semantik und Begriffsgeschichte, hgg. von Reinhart Koselleck, Stuttgart 1978, S. 43-74.

Seresse 2005 = Volker Seresse: Politische Normen in Kleve-Mark während des 17. Jahrhunderts. Argumentationsgeschichtliche und herrschaftstheoretische Zugänge zur politischen Kultur der frühen Neuzeit, Epfendorf/Neckar 2005.

Stollberg-Rilinger 1999 = Barbara Stollberg-Rilinger: Vormünder des Volks? Konzepte landständischer Repräsentation in der Spätphase des Alten Reiches, Berlin 1999.

Stollberg-Rilinger 2005 = Barbara Stollberg-Rilinger: Was heißt Kulturgeschichte des Politischen? Einleitung, in: Was heißt Kulturgeschichte des Politischen?, hgg. von Barbara Stollberg-Rilinger, Berlin 2005, S. 9-24.

Stolleis 1988 = Michael Stolleis: Geschichte des öffentlichen Rechts in Deutschland. Erster Band: Reichspublizistik und Policeywissenschaft 1600-1800, München 1988.

Schlüsselbegriffe fürstlichen und landständischen Selbstverständnisses in Kleve-Mark und Bayern im 16./17. Jahrhundert[1]

Volker Seresse

1. Einleitung

Im 16./17. Jahrhundert nahm europaweit – bei bemerkenswerten Ausnahmen – die fürstliche Macht zu, der Einfluss der Stände ging zurück. Das jeweilige Selbstverständnis konnte hiervon nicht unberührt bleiben. Wir wissen, etwa aus der öffentlichen Selbstdarstellung der Fürsten und aus politischen Testamenten, in welche Richtung der Wandel fürstlichen Selbstverständnisses ging. Weniger augenfällig und bekannt ist, wie sich das ständische Selbstverständnis entwickelte, noch weniger, wie sich die fürstlich-ständische Kommunikation veränderte. Wenn wir hier nach den Schlüsselbegriffen des Selbstverständnisses von Fürsten und Landständen gerade in dieser Zeit fragen, dann deshalb, um anhand der Schlüsselbegriffe den angedeuteten Wandel der politischen Kultur besser zu verstehen.

Wo lassen sich Schlüsselbegriffe wie *Gemeinwohl, Treue, Gnade, Untertänigkeit* untersuchen? Ein Bereich, in dem das Selbstverständnis beider Seiten auf dem Spiel stand, waren die Steuerkonflikte.[2] Wie ein roter Faden ziehen sie sich durch die Geschichte der fürstlich-ständischen Beziehungen des 16./17. Jahrhunderts. Es gab kaum ein großes oder mittelgroßes Territorium des römisch-deutschen Reiches, in dem Fürst und Landstände nicht früher oder später mit unterschiedlicher Intensität über die stetig wachsenden Steuerforderungen des Landesherrn stritten. Denn wollte der Fürst bei den europaweit steigenden Anforderungen an höfische Repräsentation mithalten, dann brauchte er Geld. Wollte er im 17. Jahrhundert ein stehendes Heer unterhalten, um in „*Consideration*"[3] zu stehen, wie der Große Kurfürst von Brandenburg es ausdrückte, so brauchte er noch mehr Geld. Die herkömmlichen Einkünfte aus Regalien und Domänen aber reichten für Hof und Heer nie und nimmer aus. Und so forderte der Fürst Steuern, immer öfter und immer mehr, um mithalten zu können im europäischen Wettbewerb um Ehre und Macht.

Die Stände ihrerseits konnten nicht einfach nur zusehen, wie sich Forderungen und Lasten vervielfachten, wollten sie denn ihren Anspruch auf politische Mitgestaltung nicht aufgeben. Und da die Fürsten im Zuge der Steuerkonflikte nicht selten das ständi-

---

1 Die Vortragsform wurde weitgehend beibehalten.
2 Zur Entwicklung der Steuern in den deutschen Territorien der frühen Neuzeit s. den Überblick von Andreas Schwennicke: 'Ohne Steuer kein Staat.' Zur Entwicklung und politischen Funktion des Steuerrechts in den Territorien des Heiligen Römischen Reichs (1500-1800), Frankfurt/M. 1996. Der Akzent dieser Arbeit liegt allerdings, wie der Titel sagt, auf dem Steuerrecht, ein vergleichender Überblick über die Entwicklung der Steuern in den deutschen Territorien der frühen Neuzeit fehlt. Zur Steuerproblematik in Westeuropa s. Fiscal crises, liberty, and representative government 1450-1789, ed. by Philip T. Hoffman and Kathryn Norberg, Stanford 1994.
3 Politisches Testament („Väterliche Ermahnung") Kurfürst Friedrich Wilhelms von 1667, in Duchhardt 1987, S. 165-186, hier S. 176.

sche Steuerbewilligungsrecht verletzten oder umgingen, stand zugleich die Rechtsgrundlage ständischer Existenz auf dem Spiel: die Privilegien.

Kurz: für beide Seiten ging es um die Erhaltung des politischen Status, um das Selbstverständnis. Dass sich im Kampf um die Steuer auf lange Sicht und fast immer die Fürsten durchsetzten, dass der Steuerstaat heranwuchs, und damit eine wesentliche Weichenstellung für die weitere Geschichte Europas erfolgte, ist bekannt und braucht hier nicht vertieft zu werden. Hier werden vielmehr die Steuerkonflikte in Kleve-Mark und in Bayern auf Schlüsselbegriffe hin untersucht[4]; Landtagsverhandlungen dienen dabei als wichtigste Quellengrundlage.[5]

Beginnen wir mit einer Skizze der Rahmenbedingungen in beiden Territorien.

2. Fürst, Stände und Steuern in Bayern und Kleve-Mark

Die politischen Verhältnisse im Herzogtum Bayern während des 16. Jahrhunderts und bis zum Dreißigjährigen waren im Vergleich zu etlichen anderen Territorien des Reiches vergleichsweise stabil.[6] Im ersten Drittel des 16. Jahrhunderts setzte sich das Primogeniturprinzip und damit die Unteilbarkeit des Herzogtums durch; innerdynastische Erbstreitigkeiten gehörten damit der Vergangenheit an. Auch andere größere Konflikte blieben aus; so genoss Bayern bis zur schwedischen Invasion von 1632 eine lange Friedensperiode. Auch die Glaubensspaltung verursachte keine größeren Spannungen. Mit dem Beginn der katholischen Konfessionalisierung seit den 1550er Jahren und der politischen Ausschaltung des evangelischen Adels 1563/1564 stand Bayerns Zugehörigkeit zur alten, sich erneuernden Kirche fest; die bayerischen Wittelsbacher wurden nach den Habsburgern zur führenden katholischen Dynastie im Reich. Diese konfessionspolitische Ausrichtung verband sich mit dem außenpolitischen Ansehenszuwachs der Wittelsbacher. Indizien für das zunehmende Prestige sind Heiratspolitik, repräsentative Bauten und allgemein die außenpolitische Aktivität der bayerischen Herzöge, die ihnen 1623 schließlich die Kurwürde einbrachte.[7] So war die Entwicklung Bayerns bis zur Mitte des Dreißigjährigen Krieges durch innere Stabilität und außenpolitischen Aufstieg bestimmt.

---

4 Soweit ich sehe, gibt es bislang keine auf Schlüsselbegriffe ausgerichtete Untersuchung der ständisch-fürstlichen Beziehungen in Bayern; Greindl 1992 widmet jedoch der „Sprache des alten Adels" einige Aufmerksamkeit und thematisiert die Wandlung des Begriffs der Ehre / Reputation (ebd. 237-243). Zu Kleve-Mark s. jetzt Seresse 2005.
5 Für Bayern wurden vor allem die durch Krenner edierten und online zugänglichen Landtagsakten von 1557, 1568, 1605, 1612 und 1669 benutzt, ferner die im Bayerischen Hauptstaatsarchiv München (im folgenden BayHSTAM) befindlichen Verhandlungen Kurfürst Maximilians mit den Ständeverordneten von 1634 und 1639, schließlich einige weitere gedruckt vorliegende Quellen wie Maximilians Politische Testamente (Duchhardt 1987, Ziegler 1992). Für Kleve-Mark wurden vor allem die Archivalien des Hauptstaatsarchivs Düsseldorf (im folgenden HSTAD) benutzt: Eine genaue Auflistung ist dem Quellenverzeichnis in Seresse 2005 zu entnehmen. Ferner liegen drei Editionen vor (Erdmannsdörffer 1867, von Haeften 1869, Hötzsch 1908), in denen sich eine Reihe der interessantesten Quellen finden.
6 Eine knappe Zusammenfassung zu Bayern im 16. Jahrhundert bietet Albrecht 1998, 44-50, ausführlicher Lutz / Ziegler 1988.
7 Vgl. zusammenfassend Edel 2002, S. 107-118.

Gleichzeitig ging der politische Einfluss der bayerischen Landstände zurück.[8] Er hatte zu Beginn des 16. Jahrhunderts einen Höhepunkt erreicht, wozu der letzte große innerbayerische Erbfolgestreit beigetragen hatte.[9] Der danach folgende Rückgang ständischer Macht wird nicht zuletzt im Bereich der Finanzen deutlich.[10] Die Herzöge des 16. Jahrhunderts häuften gewaltige Schulden auf. Aber es gelang ihnen ab den 1530/1540er Jahren immer besser, die Stände zur Übernahme dieser Schulden heranzuziehen. Und unter Herzog Albrecht V. (1550-1579) wurden Steuern de facto eine reguläre, permanente Einnahmequelle. Wie kam es dazu?

Nun, die Stände wollten keinen Bankrott des Herzogs – nicht zuletzt aus Eigeninteresse, denn viele unter ihnen hatten dem Landesherrn Geld geliehen. Ferner gelang es dem Herzog, soziale Unterschiede innerhalb des Adels auszunutzen: so hatte er 1557 mit dem Privileg der Edelmannsfreiheit die Jurisdiktionsrechte des Adels insgesamt erweitert, i.W. profitierte aber der niedere Adel davon; außerdem machten immer mehr bayerische Niederadlige Karriere im Fürstendienst[11]; beides blieb nicht ohne Folgen für ihr Verhalten auf Landtagen. Zugleich wurde der Hochadel, der zu einem beträchtlichen Teil lutherisch geworden war, wie bereits angedeutet, 1563/64 politisch i.W. ausgeschaltet. Weiter hebelten die Herzöge das ständische Steuerbewilligungsrecht durch indirekte Steuern teilweise aus. Und schließlich gelang es Albrecht und mehr noch seinen Nachfolgern, Geldbewilligungen auf mehrere Jahre hinaus zu erreichen. Vor allem aus diesem Grund wurden Landtage seltener, und damit die Gelegenheit zu Konflikten und Gegenforderungen der Stände. Im 17. Jahrhundert fanden nur noch 1605, 1612 und 1669 Landtage statt, danach nie mehr.[12] Die Verhandlungen mit dem Landesherrn führten in den landtagslosen Jahrzehnten die Verordneten, eine Ständedeputation, die bis dahin lediglich die kürzere Zeit zwischen den Landtagen überbrückt hatte. Diese Verordneten waren gewiß nicht nur Erfüllungsgehilfen des Fürsten; Widerspruch gegen Geldforderungen und Privilegienverletzungen kam häufig vor und bewirkte die eine oder andere Reduzierung landesherrlicher Forderungen. Verschärfte die fürstliche Seite indes den Ton der Verhandlungen, so gaben die Ständevertreter in der Regel nach. Dazu trug während der langen Regierungszeit Maximilians I. (1598-1651) auch bei, dass dieser Fürst – anders als seine Vorgänger – gut wirtschaftete und insofern den Ständen aus einer gefestigten Position gegenübertrat.[13] Nur wenige Male während der 1630er Jahre blieb bei den Verhandlungen mit den Verordneten der Dissens bestehen – dann allerdings setzte

---

8 Z.Zt. Albrechts V. waren 88 geistliche Institutionen, 554 Adlige, 34 Städte und 90 Märkte landtagsfähig (Albrecht 1998, S. 45).
9 Die Einigung der Brüder Herzog Wilhelm und Herzog Ludwig war die Voraussetzung zur Beilegung des ständisch-fürstlichen Konflikts zu Beginn der Regierung Wilhelms IV. (vgl. Lutz / Ziegler 1988, S. 327-330). In der Folgezeit versuchte namentlich der bayerische Kanzler Leonhard von Eck, den ständischen Einfluss auf die Politik zurückzudrängen (Metzger 1980).
10 Zum folgenden Heydenreuter 2002 und Greindl 1983, bes. S. 102-156.
11 Greindl 1988, S. 105.
12 Von 1509 bis 1579 fanden 33 Landtage statt, also im Schnitt fast alle zwei Jahre einer. Unter Wilhelm V. waren es dann nur noch vier Landtage in knapp 20 Jahren. (Albrecht 1988, S. 625-665, hier S. 649.)
13 Einen guten Einblick in die beiden Landtage unter Maximilian, sowohl was die Verhandlungsgegenstände als auch die Art der Verhandlungen und Argumentation angeht, bietet Albrecht 1998, S. 219-227. Die Verhandlungen mit den Verordneten nach 1612 schildert Freyberg 1836.

Maximilian sich über die Ständeprivilegien hinweg; wir kommen darauf zurück. Kurz: Unter Maximilian war der Steuerstaat durchgesetzt.[14]

Von Bayern nach Kleve-Mark.[15] Die Geschichte dieses rheinisch-westfälischen Doppelterritoriums verlief im 16./17. Jahrhundert über weite Strecken in schroffem Gegensatz zur bayerischen Entwicklung. Am Anfang zwar, 1521, stand die Einigung der Territorien Jülich, Berg, Ravensberg, Kleve und Mark unter einer Dynastie, dem Hause Mark. Die Grenzen dieser potentiellen Mittelmacht im kulturell und wirtschaftlich blühenden Nordwesten des Reiches wurden allerdings schon im Geldrischen Erbfolgekrieg aufgezeigt: Kaiser Karl V. erledigte die jülich-klevischen Ansprüche auf Geldern 1542/43 mit militärischer Gewalt.

Der Niedergang der unierten Territorien begann eine Generation später, um 1570, mit dem Niederländischen Aufstand, der die rheinisch-westfälischen Nachbargebiete jahrzehntelang in Mitleidenschaft zog – die Stichworte Truppendurchzüge, Besatzung, Kontribution mögen hier genügen. Fast gleichzeitig begann eine lange dynastische Krise durch Krankheit und weitgehende Regierungsunfähigkeit der beiden letzten Herzöge des Hauses Mark. Das Zusammentreffen dieser beiden Probleme stürzte die Länder in eine lange Zeit der Wirren, die durch die religiöse Spaltung des Landes – alle drei großen Konfessionen waren vertreten – noch vertieft wurde. 1609 starb der letzte einheimische Herzog und sogleich brach der seit längerem absehbare Erbfolgestreit aus; Niederländer und Spanier mischten darin kräftig mit, später kamen andere Parteien des Dreißigjährigen Krieges hinzu. Erstaunlicherweise hatte die vorläufige Teilung des Erbes von 1614 Bestand: Danach fiel Kleve-Mark an die calvinistischen Hohenzollern aus Brandenburg. Diese waren lange Zeit nicht dazu in der Lage, ihr westliches Nebenland zu schützen. Erst Friedrich Wilhelm (1640-1688), dem Großen Kurfürsten, gelang es mit Geschick und viel Glück, die innere und äußere Situation des Landes ab 1660 in etwas ruhigere Bahnen zu lenken.

Die skizzierten Ereignisse prägten auch die fürstlich-ständischen Beziehungen.[16] In der um 1570 einsetzenden Krise von Dynastie und Land, die sich um 1590 mit dem absehbar werdenden Erbfall verschärfte, spielten die Stände eine aktive politische Rolle, freilich meist ohne viel Erfolg. Auch vermochten sie es ebensowenig wie die Räte, in deren Hand die Regierung de facto lag, einen dauerhaft effektiven Schutz des Landes zu bewerkstelligen. Jedoch gelang es ihnen, ihr Steuerbewilligungsrecht zu wahren, um das es schon vor 1609 Konflikte gab, die sich danach verstetigten und zuspitzten. Unter dem Großen Kurfürsten kam als wesentlicher Streitpunkt die Forderung der Stände hinzu, Friedrich Wilhelm solle seine Truppen aus dem Land abziehen; damit wäre eine

---

14 Unumkehrbar war diese Entwicklung gewiss nicht. 1596/1597 stand Wilhelm V. vor dem Bankrott und damit auch der Steuerstaat auf der Kippe (Heydenreuter 2002, 101-103). Doch Wilhelm dankte ab und sein Nachfolger Maximilian sanierte die fürstlichen Finanzen.

15 Als ersten Überblick zu Kleve-Mark vom Beginn des 16. bis zum Anfang des 18. Jahrhunderts s. Janssen 1997, S. 160-211. 220-225.

16 Zu den ständisch-fürstlichen Beziehungen in Kleve-Mark bis 1609, namentlich auch zur Steuer und zur Bedeutung der konfessionspolitischen Spannungen von Haeften 1869, S. 18-40. Zusammenfassend und systematisierend für die Folgezeit Kaiser 2003; hier findet sich auch die ältere Literatur.

wesentliche Ursache der Steuerforderungen entfallen. Die Entscheidung im kleve-märkischen Steuerkonflikt fiel während des Nordischen Krieges 1655-1660, als der Kurfürst teilweise mit militärischer Gewalt Steuern eintreiben ließ. Seitdem war der regelmäßige Geldfluss gesichert, ebenso die Anwesenheit landesherrlichen Militärs durchgesetzt, ferner die Beziehungen der klevischen Stände zu den niederländischen Generalstaaten unterbunden. Die übrigen ständischen Rechte ließ Friedrich Wilhelm weitgehend unangetastet. So bestand der kleve-märkische Landtag bis zum Ende des Ancien Régime fort.

Die Entwicklung in Kleve-Mark und Bayern verlief also sehr unterschiedlich. Dynastische Krise, Erbfolgestreit und Konfessionskonflikt hier – Kontinuität und Aufstieg der Dynastie sowie konfessionspolitische Einheit dort; eine lange Friedensphase in Bayern – Kriegshandlungen und Unruhe in Kleve-Mark. Zwar setzte der Fürst den Steuerstaat hier wie dort durch, doch geschah dies in dem süddeutschen Territorium deutlich früher, und die Konflikte verliefen wesentlich gemäßigter als am Niederrhein. Kurz: Die territorialen Rahmenbedingungen für unsere Suche nach Schlüsselbegriffen könnten kaum unterschiedlicher sein.

3. Das Ensemble der Schlüsselbegriffe in Kleve-Mark und Bayern im Überblick: Gemeinsamkeiten und Unterschiede

Zunächst ein Überblick zu den Schlüsselbegriffen, die sich in Kleve-Mark und Bayern anhand der Steuerkonflikte erkennen lassen:

Schaubild 1: Schlüsselbegriffe in Kleve-Mark (ca. 1580-1700) und Bayern (ca. 1550-1670) (vereinfachter Überblick)

Schlüsselbegriffe des fürstlichen und landständischen Selbstverständnisses	
Kleve–Mark	**Bayern**
Gemeinwohl	Gemeinwohl
Liebe	Liebe
Einigkeit	
Vertrauen	Vertrauen

Schlüsselbegriffe des fürstlichen Selbstverständnisses	
Kleve–Mark	**Bayern**
Reputation / Respekt	Reputation / Respekt
Gnade	Gnade
Schutz & Schirm	Schutz & Schirm
Gute Ordnung (vs. Confusion)	
Vater / Landesvater	Vater / Landesvater
Not / necessitas	Not / necessitas

Schlüsselbegriffe des landständischen Selbstverständnisses	
Kleve–Mark	**Bayern**
Treue	Treue
Untertänigkeit	Untertänigkeit
Gehorsam / Devotion	Gehorsam / Devotion
Privilegien / Freiheiten	Privilegien / Freiheiten

Wie oben vermerkt, handelt es sich um einen vereinfachten Überblick. Aus ihm geht nicht hervor, wie das Begriffsfeld im einzelnen aussah; welche Schlüsselbegriffe häufiger als andere verwendet wurden; ob sich während des Zeitraums an der Frequenz etwas änderte, ob ein Begriff erst neu erschien, ein anderer verschwand usw. Und noch eine weitere Vorbemerkung: Bei fast allen Schlüsselbegriffen ist es so, dass beide Seiten sie verwendeten, wenn auch verschieden oft und z.T. mit unterschiedlicher Absicht. Der Fürst sagt seine *Gnade* zu, die Stände danken für seine *gnädige Zuwendung* oder appellieren an sie. Der Fürst fordert die Stände auf, *Treue* und *Gehorsam* durch eine Steuerbewilligung zu erweisen, die Stände verwenden dieselben Schlüsselbegriffe, um ihre Loyalität zu betonen.

Welche Gemeinsamkeiten und Unterschiede werden in diesem Überblick erkennbar? Ins Auge fällt zunächst die große Übereinstimmung der Schlüsselbegriffe in Kleve-Mark und Bayern – trotz der skizzierten, so unterschiedlichen Entwicklung. Diese Gemeinsamkeit der Schlüsselbegriffe weist auf ein ähnliches Politik- und Selbstverständnis in den beiden Territorien hin.

Auffälligere Abweichungen von dieser Übereinstimmung betreffen die *Einigkeit* von Fürst und Ständen, die ich in den bayerischen Quellen fast gar nicht fand; ferner die *Gute Ordnung* sowie ihr noch öfter verwendeter Gegenbegriff, die *Confusion*, die ebenfalls in Kleve-Mark erscheinen, nicht aber in Bayern. Beide Abweichungen lassen sich m.E. auf die jeweils unterschiedliche Entwicklung zurückführen: Die *Einigkeit* von Landesherr und Ständen spielte in der politischen Kommunikation Kleve-Marks eine Rolle, gerade weil man sich jahrzehntelang ausgesprochen uneinig war; die *Confusion* spiegelt die unruhigen Verhältnisse und die *Gute Ordnung* das Selbstverständnis des Fürsten, Stabilität, Ruhe und inneren Frieden zu gewährleisten bzw. wiederherzustellen. Das Fehlen dieser Schlüsselbegriffe in Bayern im Kontrast zu ihrer häufigen Verwendung in Kleve-Mark läßt die Schlüsselbegriffe als Indikatoren der unterschiedlichen politischen Entwicklung hervortreten.

Um weitere und genauere Aussagen treffen zu können, müssen wir die Verwendung der Schlüsselbegriffe näher betrachten. Dies kann hier nur in Auswahl geschehen. So werden wir z.B. die Schlüsselbegriffe der *Liebe* und des *Gehorsams*, die beide bei der Forderung bzw. Bewilligung von Steuern vielfach verwendet wurden, nicht näher betrachten. Stattdessen konzentrieren wir uns auf die beiden wichtigsten Typen der Verwendung von Schlüsselbegriffen: die formelhafte und die als Argument und Kampfbegriff.

4. Schlüsselbegriffe als Formeln

Schlüsselbegriffe werden auf verschiedene Weise benutzt. Ins Auge springt zunächst der formelhafte Gebrauch bestimmter Begriffe. Es sei, so trug der bayerische Landmarschall im Auftrag Herzog Albrechts bei der Eröffnung des Landtags von 1557 vor, „seiner Fürstl. Gnaden *gnädigst* Begehren, ermeldte Ständ der Landschaft wollten [...] mit *unterthänigen getreuen* Fleiß berathschlagen, und [...] sich auch darinn [bei den Landtagsberatungen] dermaßen erzeigen, wie Seiner Fürstl. Gnaden *gnädigst* sonders

Vertrauen zu Ihnen stünde." Der Herzog werde das seinerseits „mit allen *Gnaden*" anerkennen.[17] Die Stände antworteten auf die sich anschließende Proposition, sie hätten diese „*unterthäniglich* angehöret" und „mit *unterthänigem* gutherzigen *Mitleiden*" von der Finanzmisere des Herzogs erfahren. Sie hätten dies um so mehr mit „Betrübnis vermerckt", als sie dem Herzog wie auch dessen verstorbenem Vater, „unserm *gnädigen* Herrn", vielfach Geldmittel „aus *unterthänigen* Willen" hätten zukommen lassen. „Da wir auch mit *unterthänigem* Rath und Gutachten ersinnen möchten, was maßen solcher Last und harten Beschwerungen Euer Fürstl. Gnaden abgeholfen würde, erkennen wir uns dessen in *gehorsamer Unterthönigkeit* willig."[18]

Gnädig, untertänig, getreu, gehorsam – bei der immer wiederkehrenden, zuweilen ermüdenden, formelhaften Verwendung solcher Begriffe gerät zweierlei fast aus dem Blick: Erstens zeugt gerade der formelhafte Gebrauch eines Begriffs davon, dass es sich um einen Schlüsselbegriff handelt: wir begegnen hier in gleichsam geronnener Gestalt dem fürstlichen bzw. landständischen Selbstverständnis. Der Fürst ist *gnädig*, die Stände *untertänig* und *treu*.

Geronnen – aber nicht versteinert. Denn zweitens haben auch diese Formeln ihre Geschichte, d.h. sie verändern sich. So wird etwa aus dem *gnädig* der Stände und *gnädigst* des Fürsten in den zitierten Beispielen von 1557 später durchgehend der Superlativ *gnädigst*. Aus den *gehorsamen* und *untertänigen* Ständen werden die *gehorsamsten* und *untertänigsten*. Diese wahrscheinlich vom Fürsten ausgehende Wendung zum Superlativ fand in Bayern um 1600 statt[19], in Kleve-Mark erst in den 1620/1630er Jahren. Die Zeitdifferenz dürfte kein Zufall sein, sondern die stärkere Stellung und größere Distanz der bayerischen Herzöge gegenüber den Ständen spiegeln. Eine Veränderung stellt aber auch die landläufig als barock bezeichnete, zunehmende Häufung von Ergebenheitsformeln dar. Diese Häufung setzte in Kleve-Mark gewiss nicht zufällig nach der Durchsetzung des Steuerstaates 1660 ein; für Bayern vermag ich keinen so eindeutigen Anfang zu bestimmen, doch ist eine Zunahme der Formeln bereits auf dem Landtag von 1612 erkennbar.

Insgesamt zeigt die formelhafte Verwendung von Schlüsselbegriffen, dass sie als Indikator der Veränderungen in den fürstlich-ständischen Beziehungen und im Selbstverständnis beider Seiten dienen können. Wenden wir uns nun der argumentativen Verwendung zu.

---

17 Krenner 1557, S. 6.
18 Krenner 1557, S. 18.
19 Möglicherweise hatte diese neue Sprachregelung einen außenpolitischen Hintergrund: 1590/91 hatte Wilhelm V. den Titel „Durchlaucht" angenommen, um die Ranggleichheit mit den Habsburger Erzherzögen zu betonen (Albrecht 1998, S. 109). Es mag sein, dass dies auch im Umgang mit den Ständen eine Veränderung nach sich zog. Nach der Jahrhundertwende waren die Superlative jedenfalls ganz üblich (s. Krenner 1605, passim).

5. Schlüsselbegriffe als Argumente, Kampfbegriffe und umkämpfte Begriffe

Misstöne beherrschten den Beginn des bayerischen Landtags von 1568.[20] Herzog Albrecht präsentierte den Ständen ein kaiserliches Privileg, das ihm die dauerhafte Erhebung und Verwaltung des Aufschlags, einer Konsumsteuer auf Wein, Bier und Met gestattete. Diesen Aufschlag gab es zwar schon seit 1542. Doch bislang hatten die Stände diese indirekte Steuer genehmigt und selber verwaltet. Und waren die Schulden getilgt, so sollte auch der Aufschlag enden. Nun aber erhob Albrecht, gestützt auf das kaiserliche Privileg, einen Rechtsanspruch auf einen vervierfachten Aufschlag.

Die Stände stießen sich nicht nur daran, daß ihr Bewilligungsrecht missachtet wurde. Sie befürchteten ferner, dass der dauerhaft mit dem Aufschlag versehene Fürst finanziell von ihnen unabhängig werden könnte, künftige Bewilligungen gar nicht mehr brauchen werde.[21] Entsprechend heftig reagierten sie, pochten auf die Privilegien, drohten mit Widerstand.[22] Und sie nahmen einen wesentlichen Kostenfaktor aufs Korn: Wäre die herzogliche Hofhaltung besser geordnet, so ließe sich dort einsparen „ohne einige Verletzung Ew. Frtl. Gdn. *Reputation* und *Authoritaet*." Denn, so wurde der Herzog belehrt, die „fürstliche *Reputation*" bestehe nicht aus „übermäßigen Pracht, Gebäuen, Zier, und dergleichen, sondern vielmehr an den fürstlichen Tugenden", mit denen Gott den Herzog sehr begabt habe, und vor allem aus dem „seegen des Allmächtigen". Bei „großen exactionen und Beschwerung der Unterthanen" aber bleibe Gottes Segen aus. Endlich gebe es genügend Beispiele, dass die übermäßige Belastung der Untertanen zur „Verlierung" der fürstlichen „*Authoritaet*" führe.[23]

Der Versuch, einen Schlüsselbegriff des fürstlichen Selbstverständnisses umzudeuten, stieß auf wenig Gegenliebe. Der Herzog antwortete schroff auf Ton und Inhalt des Ständeschreibens. Besonders attackierte er diejenigen Ständevertreter, die in seinem Dienst standen. Wie hatten sie „eine so scharfe, und Sr. Frtl. Gdn. *Reputation* und hergebrachtem fürstlichen Ruhm verletzliche Erinnerung [...] approbiren" können, statt seine „*Reputation*" zu verteidigen?[24] Die Stände entschuldigten sich: ihnen allen sei die fürstliche „*Ehr* und *Reputation* [...] zum höchsten angelegen."[25]

Reputation erscheint hier als Kampfbegriff des Herzogs. Zugleich war er ein umkämpfter Begriff: die Stände versuchten ja, ihn anders als Albrecht zu interpretieren und gegen den Landesherrn zu wenden. Einen derartigen Versuch, diesen Schlüsselbegriff fürstlichen Selbstverständnisses umzudeuten, wagten sie allerdings später nicht mehr. Bei ganz ähnlichen Vorwürfen Herzog Maximilians im Jahr 1612, sie hätten sich im Ton

---
20 Zu diesem Landtag Greindl 1983, S. 130-137.
21 Vgl. hierzu Greindl 1991, S. 688-696.
22 Krenner 1568, S. 58-61.
23 Krenner 1568, S. 63.
24 Krenner 1568, S. 98f.
25 Krenner 1568, S. 104. Der Streit endete so, dass die Stände den vierfachen Aufschlag genehmigten, die Verwaltung des Aufschlags aber in ihrer Hand blieb. Vergeblich forderten die Stände die Aushändigung des kaiserlichen Privilegs, erreichten aber die Zusage, der Herzog werde es nur im Einvernehmen mit ihnen benutzen.

vergriffen und es am „gebürent[en] und schuldigen *respect*" mangeln lassen[26], beteuerten sie, sich alles „schuldigen *respect*[s]" befleißigen zu wollen, zu welchem sie als *„diemüettigiste, gehorsambiste und underthenigiste* Landtstenndt, und underthonnen, [...] schuldigist verbundten" seien.[27]

So defensiv wie in diesem letzten Zitat klang es oft, wenn die Stände mit dem Argument der fürstlichen *Reputation* angegriffen wurden. Für den Fürsten war *Reputation / Respekt* und die synonym verwendete *Autorität / Hoheit / Ehre* ein gern genutzter Kampfbegriff, mit dem er einen Anspruch oder eine Grenze markierte, angesichts derer den Ständen meist nur der Rückzug blieb.

In Kleve-Mark kam dieser Schlüsselbegriff in den Konflikten des 17. Jahrhunderts noch häufiger vor als in Bayern und spielte auch eine noch wichtigere Rolle.[28] Wenn in den 1640er/1650er Jahren der Kurfürst oder die klevische Regierung zu Recht oder zu Unrecht eine *Rebellion* oder das Streben der Stände nach einem *Kondominat* witterten, setzten sie die *Reputation* oft als Kampfbegriff ein. Nach 1660 wiederum überwog in Kleve-Mark wie inzwischen auch in Bayern der formelhafte Gebrauch: Man habe die kurfürstlichen Mitteilungen mit „gebührendem *unterthänigsten Respect* empfangen" und den Inhalt mit „*unterth[änig]st[e]m respect* vernommen und erwogen" hieß es dann routiniert.[29] Dieser formelhafte Gebrauch des Schlüsselbegriffs signalisiert hier das Abflauen ernsthafter Auseinandersetzungen.

Unterstrichen wird die Bedeutung des fürstlichen Schlüsselbegriffs *Respekt / Reputation* schließlich dadurch, dass er in den Politischen Testamenten Maximilians und übrigens auch in demjenigen des Großen Kurfürsten eine zentrale Rolle spielte.[30] Für Maximilian war die „*Authoritet, reputation* und *respect*" das „vornembste Stuckh eines Fürsten" unnd gleichsam sein pupilla oculi"[31] und sein Nachfolger solle nur ja darauf sehen, dass die Stände nicht die landesherrliche „*Gewalt, respect* vnd *authoritaet*" minderten.[32]

Zu einem andern Schlüsselbegriff, der *Not*.[33] Schon im Spätmittelalter und im 16. Jahrhundert war *Not / Landesnot* das wichtigste Argument gewesen, um eine Steuer zu for-

---

26 Krenner 1612, S. 109.
27 Krenner 1612, S. 121.
28 Seresse 2005, S. 212-224.
29 Klevische und märkische Ritterschaft an Kft. Friedrich Wilhelm, Kleve, 13. Mai 1684 (Hötzsch 1908, 1010f., hier 1010); Antwort der kleve-märkischen Stände auf Proposition, Kleve, 20. Jan. 1693 (HSTAD Kleve Landstände Nr. 652, fol. 125).
30 Bei Duchhardt 1987, S. 117-161 sind Maximilians Monita Paterna von 1639 und das Politische Testament von 1641 ediert, ferner die „Väterliche Ermahnung" des brandenburgischen Großen Kurfürsten (ebd. S. 165-186). Die lateinische Fassung der Monita Paterna sowie weitere Hinterlassenschaften mit politischen Ratschlägen und Grundsätzen Maximilians bei Ziegler 1992, S. 1116-1126, 1269-1297. Vgl. allgemein zu Maximilians Testamenten Albrecht 1998, S. 339-363.
31 Treuherzige väterliche Lehrstücke, 1650 (Ziegler 1992, S. 1282-1288, hier S. 1284).
32 Eigenhändige geheime Instruktion, nach März 1651 (Ziegler 1992, Nr. 359, S. 1295-1297, hier S. 1295f.). Vgl. das Politische Testament Friedrich Wilhelms von 1667 (Duchhardt 1987, hier S. 181).
33 Zu Not / necessitas in Kleve-Mark ausführlicher Seresse 2005, S. 242-259.

dern bzw. zu gewähren – einmalig wohlgemerkt.³⁴ In Kleve-Mark aber begründeten die Brandenburger Kurfürsten immer wieder und vor allem in der Mitte des 17. Jahrhunderts mit der *Not* oder *necessitas* nicht nur Steuerforderungen, sondern auch das Recht auf Erhebung von Steuern ohne Bewilligung der Stände. „Es sei „allewege Rechtens vnnd pillich quod *tempore necessitatis* priuilegia cessent et quasi quiescant", hieß es erstmals 1620.³⁵ Also: Not kennt kein Gebot. Die Stände wehrten sich, bestritten, dass eine *„urgens necessitas"* vorliege³⁶, argumentierten, die Notlage werde nur vorgeschoben. Doch selbst eine Notlage entbinde den Fürsten nicht davon, die ständische Steuerbewilligung einzuholen und die Privilegien zu achten.

Die traditionelle *Landesnot* mutierte zum Kampfbegriff des Fürsten. Zugleich war die *necessitas* – wie die ständischen Gegenargumente zeigen – ein umkämpfter Begriff: Wer hatte die Deutungshoheit? In den Privilegien war von *„kentlicher Noth"* und „consent" der kleve-märkischen Stände die Rede, d.h. die Entscheidung darüber, ob ein Notfall vorliege, war im Einvernehmen zwischen Fürst und Ständen zu treffen.³⁷ Die Meinung der Stände war während des Nordischen Krieges eindeutig: Sie hatten mit der „unruhe [in Preußen] nichts zu schaffen"³⁸ und konnten die „zu verschiedenen mahlen und noch Jüngst angezogene *noth* nicht begreiffen."³⁹ Zum Einvernehmen kam es nicht. Der Kurfürst setzte sich mit Gewalt durch.

Bemerkenswert ist aber auch, dass Friedrich Wilhelm *Not / necessitas* nach 1660 nicht mehr als Kampfbegriff verwendete, sondern i.W. nur noch formelhaft von *Not* sprach. Es bestand kein Grund mehr, weiterhin Privilegien zu missachten und Zusagen zu brechen.

Auch der bayrische Kurfürst Maximilian I. argumentierte in den 1630er Jahren mit *Not / necessitas*, als er zweimal – 1634 und 1639 – eigenmächtig, ohne Zustimmung der Ständedeputation, Steuern ausschrieb.⁴⁰ *necessitas* begründete bei den Verhandlungen dieser Jahre immer wieder die verschiedenen Forderungen und diente ferner dazu, die ständischen Privilegien beiseite zu schieben. So im März 1634: Er, Maximilian, sei bei der jetzigen „wissentlichen *necessitet*" kraft „unser Landts fürstlichen Gewaldts und Rechts so uns in dergleichen *Landts nötten* zusteht" berechtigt, die von den Ständeverordneten abgelehnte Verbrauchssteuer zu erheben. Und die Privilegien? Es sei, argumentierte er weiter, „aller vernunfft und billicheit zu wieder [...], sich der priuilegien zu ruin des *Vatterlandts*" zu bedienen. Er, der Fürst, sorge für das *Vaterland* und das

---

34 Heydenreuter 2002, S. 106 notiert für Bayern, dass seit Herzog Wilhelm IV. (1508-1550) die wachsende fürstliche Verschuldung „stets mit der jeweiligen Landesnotdurft" begründet worden sei, konkret vor allem mit dem Hinweis auf die Türkengefahr.
35 Proposition des Dr. Peil, Kalkar, 23.-25. Nov. 1620 (HSTAD Kleve-Mark Landstände Nr. 647, fol. 39. In diesem konkreten Fall ging es um die Exemtion des Adels von Steuern.
36 Erklärung der klevischen Stände zum Landlizent, Emmerich, 21. Okt. 1634 (HSTAD Kleve-Mark Akten Nr. 2199, fol. 104-115, hier fol. 110). Der Kurfürst hatte argumentiert, den Lizent in den Jahren 1622 und 1624 aus „abgetrungenen noth und defension" erhoben zu haben (ebd.).
37 Revers Jungherzog Johanns, 5. Mai 1509 (Scotti 1826, S. 40-44, hier S. 43).
38 Antwort der kleve-märk. Stände auf die Landtagsproposition, übergeben Kleve, 10. März 1657 (Kleve-Mark Landstände Nr. 659, fol. 65-75, hier fol. 72).
39 Stände an Kft FW, 11. Nov. 1656 (HSTAD Handschriften B III 2 Weimann, fol. 333).
40 Vgl. Freyberg 1836, S. 77-91, hier S. 78-80. 82. 85. 89. 91.

Gemeinwesen, während die Stände offenbar nur „das priuatum" suchten. So positioniert, belehrte er die Verordneten, sie müßten erst „lehrnen [...], wann und wie Eure priuilegien zuverstehen und zugebrauchen seindt."[41]

In den 1630er Jahren, also während des Dreißigjährigen Krieges, war der Schlüsselbegriff der *necessitas* in Bayern wichtiger als jemals vorher oder nachher. Bemerkenswert ist: Anders als ihre kleve-märkischen Standesgenossen versuchten die bayerischen Ständeverordneten, soweit erkennbar, nicht, die fürstliche Deutung, dass eine privilegienbrechende Notlage gegeben sei, grundsätzlich zu bestreiten, auch wenn sie natürlich gegen die Verletzung ihrer Privilegien protestierten. So war *necessitas* in Bayern sicherlich ein fürstlicher Kampfbegriff, aber nicht, wie in Kleve-Mark, zugleich ein umkämpfter Begriff; dadurch spielte dieser Schlüsselbegriff insgesamt eine weniger wichtige Rolle in den ständisch-fürstlichen Konflikten als am Niederrhein. Der Hauptgrund hierfür dürfte sein, dass Maximilians Stellung gerade in puncto Steuern weitaus gefestigter war als die der Hohenzollern zur gleichen Zeit; davon zeugt auch der bisweilen harsche Ton, mit dem der bayrische Fürst ständische Widerworte beiseite wischte.

Reputation / Respekt und *Not / necessitas* waren nicht die einzigen Schlüsselbegriffe, die zugleich Kampf- und (zumindest teilweise) umkämpfte Begriffe waren. Den Schlüsselbegriff des *Gemeinwohls* etwa führten beide Seiten ins Feld, im 17. Jahrhundert noch mehr als zuvor. Dem Fürsten in Bayern wie in Kleve-Mark gelang es tendenziell, sich selber als alleinigen Sachwalter des *Gemeinwohls* darzustellen – den Schlüsselbegriff gleichsam zu verfürstlichen. Doch finden sich auch noch späte Beispiele dafür, dass ihm dies nicht völlig gelang, dass die Stände auf ihrem Selbstverständnis beharrten, für den *Gemeinen Nutzen* einzutreten.[42]

6. Ergebnisse

(1) In Bayern und Kleve-Mark gab es ein weitgehend ähnliches Ensemble von Schlüsselbegriffen fürstlichen und landständischen Selbstverständnisses. Einige klevemärkische Schlüsselbegriffe aber gab es in Bayern nicht oder seltener.[43] Hier schlägt sich nieder, dass die fürstlich-ständischen Konflikte am Niederrhein deutlich länger dauerten und erbitterter geführt wurden.

---

41 Kurftl. Resolution, Braunau, 6. März 1634 (BayHSTAM, Altbayerische Landschaft Nr. 414, fol. 629r-641v, hier fol. 637r und fol. 638v- 639r). Vgl. etwa auch die Äußerung Maximilians fünf Jahre später: Er sei zu Maßnahmen wie unbewilligten Steuerausschreibungen befugt, ohne dass „in tam notorie casu necessitatis welcher khain verzug leidt" die Zustimmung der Stände erforderlich sei (Maximilian an Verordnete, München, 24. Jan. 1639 (BayHSTAM, Altbayerische Landschaft Nr. 455, fol. 317r-319v, hier fol. 317v)).
42 Die Stände hätten eine „angebohrne natürliche obligenheit" zu „des gantzen Landts, und der Landtschafft Nuzen und wolfahrt" heißt es in ihrer Quadruplik vom 2. Feb. 1669 (Krenner 1669, S. 213-229, hier 213).
43 Umgekehrt erscheint zumindest in den bayrischen Quellen von 1634 und 1639 auch ein Begriff, der in Kleve-Mark nicht auftaucht: die „ehr Gottes, die allein Seligmachende Religion" als Argument für Leistungen der Stände, so hier in der kftl. Resolution, Braunau, 6. März 1634 (BayHSTAM, Altbayerische Landschaft Nr. 414, fol. 629r-641v, hier fol. 637v). In Kleve-Mark verbot sich angesichts der Trikonfessionalität des Territoriums eine derartige Argumentation.

(2) Das Ensemble bestand ganz überwiegend aus herkömmlichen, z.T. sehr alten Schlüsselbegriffen, in denen sich ein traditionales, auf personale Beziehung hin angelegtes Selbstverständnis und Politikverständnis ausdrückt. Übergreifendes Kennzeichen dieser traditionalen politischen Kultur war das Prinzip der Gegenseitigkeit, der mutua obligatio: der fürstlichen *Gnade* entsprachen *Gehorsam* und *Untertänigkeit* der Stände und Untertanen; die *Treue* wurde wiederum mit *Freiheiten / Privilegien* belohnt; dem fürstlichen *Schutz und Schirm* korrespondierten *Rat und Hilfe* der Stände – ein Schlüsselbegriff, der im Untersuchungszeitraum seine Bedeutung schon weitgehend verloren hatte und daher hier nicht erscheint; erst recht waren *Liebe, Einigkeit, Vertrauen* nur als wechselseitiges Verhältnis denkbar.

Neben den auf personale Beziehung hin angelegten Schlüsselbegriffen gab es andere, die im 16./17. Jahrhundert neu hinzutraten: *Gute Ordnung* und *necessitas* – nicht zufällig abstrakte, nichtpersonale Begriffe; neu war auch *Reputation / Respekt*, wo allerdings an den älteren Begriff der *Ehre* angeknüpft wurde.[44]

(3) Auf den ersten Blick blieb dieses traditional geprägte Ensemble von Schlüsselbegriffen über den Untersuchungszeitraum hinweg stabil. Das überrascht im Falle Bayerns weniger, bei Kleve-Mark schon eher, hält man sich die Dauer und Intensität der dortigen Konflikte vor Augen.

(4) Bei näherem Hinsehen jedoch sind Entwicklungen und Veränderungen erkennbar. Manche Schlüsselbegriffe erlebten eine Konjunktur als Kampfbegriff, und wurden später eher formelhaft verwendet. Andere dienten mehr und mehr dem Fürsten als Argument, kaum noch den Ständen – das gilt vor allem für die gemeinsamen Schlüsselbegriffe. Bei formelhaftem Gebrauch wurde tendenziell die Stellung des Landesherrn betont. Fürst und Stände stritten bei manchen Begriffen um die Deutungshoheit, wobei sich der Fürst durchsetzte. Damit ist auch der generelle Trend zur Verfürstlichung der Schlüsselbegriffe bezeichnet. Das Prinzip der Gegenseitigkeit, das die fürstlich-ständischen Beziehungen bis ins 16./17. Jahrhundert hinein geprägt hatte, wurde zurückgedrängt.

(5) Die Untersuchung der Schlüsselbegriffe zeigt also einerseits die starke Beharrungskraft der alten fürstlichen und ständischen Schlüsselbegriffe, mithin der traditionalen politischen Kultur; andererseits läßt die genaue Betrachtung der Schlüsselbegriffe erkennen, dass sich diese politische Kultur dennoch wandelte und wie dies geschah – nicht durch abrupten Bruch, sondern durch langsame, fast unmerkliche Veränderung.

(6) Die Schlüsselbegriffe im allgemeinen können demnach als Indikatoren der politischen Entwicklung bezeichnet werden. Im Ensemble geben sie Aufschluß über die allgemeine Richtung dieser Entwicklung. Der Vergleich Bayern – Kleve-Mark zeigt, dass sich auch territoriale Differenzen der Entwicklung anhand der Schlüsselbegriffe nachvollziehen lassen.

---

44 Reputation wurde im 16. Jh. aus dem Französischen übernommen (Kluge 1999, 681), Respekt kam im 16./17. Jh. ebenfalls aus dem Französischen in den deutschen Wortschatz (Kluge 1999, 682; Paul 1992, 693).

(7) Darüber hinaus kommt Schlüsselbegriffen in Konfliktsituationen auch die Rolle eines Faktors zu, weil ihr argumentativer Gebrauch die Entwicklung mitbeeinflusste. Die als Faktor wichtigsten Schlüsselbegriffe waren m.E. im Untersuchungszeitraum das *Gemeinwohl* – also einer der ältesten politischen Schlüsselbegriffe überhaupt – ferner die *necessitas* und *Reputation / Respekt*, neue Begriffe, die im 16./17. Jahrhundert Karriere machten.

Ungedruckte Quellen

Hauptstaatsarchiv Düsseldorf
Kleve-Mark Landstände Nrr. 647, 652, 659
Kleve-Mark Akten Nr. 2199
Handschriften B III 2 Weimann

Bayerisches Hauptstaatsarchiv München
Altbayerische Landschaft Nrr. 414, 455

Gedruckte Quellen und Literatur

Albrecht 1988 = Dieter Albrecht: Das konfessionelle Zeitalter. Zweiter Teil: die Herzöge Wilhelm V. und Maximilian I., in: Handbuch der bayerischen Geschichte. Zweiter Band: Das alte Bayern. Der Territorialstaat vom Ausgang des 12. Jahrhunderts bis zum Ausgang des 18. Jahrhunderts, hgg. von Andreas Kraus, München (2. überarb. Aufl.) 1988, S. 393-457.

Albrecht 1998 = Dieter Albrecht: Maximilian I. von Bayern, München 1998.

Duchhardt 1987 = Politische Testamente und andere Quellen zum Fürstenethos der frühen Neuzeit, hgg. von Heinz Duchhardt, Darmstadt 1987.

Edel 2002 = Andreas Edel: Politik und Macht bei Herzog Maximilian von Bayern. Die Jahre vor dem Ausbruch des Dreißigjährigen Krieges, in: Friedliche Intentionen – kriegerische Effekte. War der Ausbruch des Dreißigjährigen Krieges unvermeidlich?, hgg. von Winfried Schulze, St. Katharinen 2002, S. 107-139.

Erdmannsdörffer 1867 = Urkunden und Actenstücke zur Geschichte des Kurfürsten Friedrich Wilhelm von Brandenburg. Vierter Band. Politische Verhandlungen, Bd. 2, hgg. von Bernhard Erdmannsdörffer, Berlin 1867.

Freyberg 1836 = Max von Freyberg: Pragmatische Geschichte der bayerischen Gesetzgebung und Staatsverwaltung seit den Zeiten Maximilians I. Aus amtlichen Quellen bearbeitet. Bd. 1, Leipzig 1836.

Greindl 1983 = Gabriele Greindl: Untersuchungen zur bayerischen Ständeversammlung im 16. Jahrhundert. Organisation, Aufgaben und die Rolle der adeligen Korporation, München 1983.

Greindl 1988 = Gabriele Greindl: Die Ämterverteilung in der bayerischen Landschaft von 1508 bis 1593, in: Zeitschrift für Bayerische Landesgeschichte 51 (1988), S. 101-196.

Greindl 1991 = Gabriele Greindl: Die landständische Steuerverwaltung im 16. Jahrhundert unter Einbeziehung der Rittersteuer von 1597, in: Zeitschrift für Bayerische Landesgeschichte 54 (1991), 667-729.

Greindl 1992 = Gabriele Greindl: Der alte Adel in der bayerischen Landschaft des 16. Jahrhunderts, in: Aus Bayerns Geschichte. Forschungen als Festgabe zum 70. Geburtstag von Andreas Kraus, hgg. von Egon Johannes Greipl, Alois Schmid, Walter Ziegler, St. Ottilien 1992, S. 219-243.

von Haeften 1869 = Urkunden und Actenstücke zur Geschichte des Kurfürsten Friedrich Wilhelm von Brandenburg. Fünfter Band. Ständische Verhandlungen, Bd. 1: Cleve-Mark, hgg. von August von Haeften, Berlin 1869.

Heydenreuter 2002 = Reinhard Heydenreuter: Finanz- und Verwaltungsreform unter Herzog und Kurfürst Maximilian I., in: Zeitschrift für Bayerische Landesgeschichte 65 (2002), S. 101-121.

Hötzsch 1908 = Otto Hötzsch: Stände und Verwaltung von Cleve und Mark in der Zeit von 1666 bis 1697, Leipzig 1908 (Urkunden und Aktenstücke zur Geschichte der inneren Politik des Kurfürsten Friedrich Wilhelm von Brandenburg, zweiter Teil).

Janssen 1997 = Wilhelm Janssen: Kleine Rheinische Geschichte, Düsseldorf 1997, 160-211. 220-225.

Kaiser 2003 = Michael Kaiser: Nähe und Distanz. Beobachtungen zum Verhältnis zwischen den Landständen von Kleve und Mark und ihrem Landesherrn im 17. Jahrhundert, in: Westfälische Forschungen 53 (2003), S. 71-108.

Kluge 1999 = Kluge. Etymologisches Wörterbuch der deutschen Sprache, 23., erw. Aufl., bearb. von Elmar Seebold, Berlin - New York 1999.

Krenner 1557, 1568, 1605, 1612, 1669 = [Franz von Krenner:] Baierische Landtagshandlungen, Bd.e 23-27, o.O. 1803, 1807, 1802, 1803, 1802.
online zugänglich unter: http://mdz.bib-bvb.de:80/digbib/bayern/byl/1429/images/

Lutz / Ziegler 1998 = Heinrich Lutz / Walter Ziegler: Das konfessionelle Zeitalter. Erster Teil: Die Herzöge Wilhelm IV. und Albrecht V., in: Handbuch der bayerischen Geschichte. Zweiter Band: Das alte Bayern. Der Territorialstaat vom Ausgang des 12. Jahrhunderts bis zum Ausgang des 18. Jahrhunderts, hgg. von Andreas Kraus, München (2. überarb. Aufl.) 1988, S. 324-392.

Metzger 1980 = Edelgard Metzger: Leonhard von Eck (1480-1550). Wegbereiter und Begründer des frühabsolutistischen Bayern, Wien – München 1980.

Paul 1992 = Hermann Paul: Deutsches Wörterbuch, 9. völlig neu bearb. Aufl. von Helmut Henne und Georg Objartel unter Mitarb. von Heidrun Kämper-Jensen, Tübingen 1992.

Scotti 1826 = Sammlung der Gesetze und Verordnungen, welche in dem Herzogthum Cleve und in der Grafschaft Mark über die Gegenstände der Landeshoheit, Verfassung, Verwaltung und Rechtsprechung ergangen sind. Bd. 1, hgg. von Johann Joseph Scotti, Düsseldorf 1826.

Seresse 2005 = Volker Seresse: Politische Normen in Kleve-Mark während des 17. Jahrhunderts. Argumentationsgeschichtliche und herrschaftstheoretische Zugänge zur politischen Kultur der frühen Neuzeit. Epfendorf/Neckar 2005.

Ziegler 1992 = Dokumente zur Geschichte von Staat und Gesellschaft in Bayern. Abt. I: Altbayern vom Frühmittelalter bis 1800. Bd. 3, Teile 1-2. Altbayern von 1550-1651, hgg. von Walter Ziegler, München 1992.

Verzeichnis der Autoren

Marco Gavran, geb. 1976.
Studienrat (Geschichte, Mathematik) an der Kieler Gelehrtenschule.
marcogavran@gmx.de

Jörg Ludolph M.A., geb. 1977.
Doktorand
Historisches Seminar der Christian-Albrechts-Universität zu Kiel.
joerg.ludolph@gmx.de

Volker Seresse, Dr. phil., geb. 1963.
apl. Professor, Lehrkraft für besondere Aufgaben
Historisches Seminar der Christian-Albrechts-Universität zu Kiel.
seresse@histosem.uni-kiel.de

Register der politischen Begriffe

Aufgenommen sind hier die in den Aufsätzen kursiv gesetzten politischen Begriffe. Soweit es sich um Quellenzitate handelt, wurden sie für das Register der modernen Orthographie angepasst. Eigenschaftsworte wie „getreu" werden nicht eigens aufgeführt, sondern finden sich beim zugehörigen Hauptwort („Treue"), sofern es ebenfalls erscheint.

Affektion 56, 59f., 62.
allgemeines Bestes s. Gemeiner Nutzen.
alte Rechte s. Recht.
Autorität 77f.

Bestes der Republik s. Gemeiner Nutzen.
Billigkeit, billiges Verhalten 17, 19, 23f., 26-31.
böse Ratgeber 48, 50, 53, 59.
bonum commune s. Gemeiner Nutzen.

Confusion 75.
Consideration 69.

Devotion 44.

Ehre 17, 20, 24, 26f., 30f., 77f., 81.
Eigennutz 7.
Einigkeit 8, 17, 19f., 23, 26, 29f., 32, 75, 81.
Einsatz des Blutes 44.

Freiheit, Freiheiten 8, 15-17, 19, 23, 26, 28-30, 32, 81.
Frieden 16f., 20f., 23-25, 28-31.
Fundamentalsatzungen s. leges fundamentales.

Gehorsam 58, 60, 75f., 81.
Gemeiner Nutzen, allgemeines Bestes, Bestes der Republik, bonum commune, Gemeinwohl, wohlfährtiger Ruhestand 7f., 16f., 21-25, 28-32, 42, 69, 80, 82.
Gemeinwohl s. Gemeiner Nutzen.
Gerechtigkeit 16f., 19, 22-25, 27-31, 42, 52f., 55.
Gerechtigkeitsliebe Gottes 53.
Gewohnheiten 42f.
Gnade 8, 57f., 60, 62, 69, 75f. 81.
Gute Ordnung 8, 17, 22, 32, 75, 81.

Hausnotdurft 16f., 20f., 24f., 28f., 31.
Herkommen, Gebrauch 17, 19, 22-24, 26, 28-32, 42, 50-52, 55, 60.
hochbeschwerliche Zeiten, turbulente Wechsen[1] 42f.
Hoheit 78.
Huld 8.

Kondominat 78.
Konsens 8.

Landesnot 78f.
Landesvater 8, 17; s. auch väterliches Gemüt, Vater des Vaterlandes.
Landeswohl 50, 54, 59; s. auch Gemeiner Nutzen.
leges fundamentales, Fundamentalsatzungen 52, 60
Liebe 44, 48, 54f.

Meriten s. Verdienst.

Necessitas, Not, Notfall 17, 43, 78-82.
Notwehr 26.

Obrigkeit 8.
Ordnung s. Gute Ordnung.

Privilegien 81.

Qualifikation s. Verdienst.

Rat und Hilfe 81.
Rebellion 78.
Recht, Rechte, alte Rechte 17, 19, 22-24, 26f., 29-32, 47.
Reputation 57, 60, 62, 77f., 80-82.
Respekt 78, 80-82.
Ruhe 17.

Sanftmut 60.
Schutz, Schutz und Schirm 8, 23, 44f., 47, 54, 58-60, 62, 81.
Ständewohl, Standeswohl 50, 54, 59.

Treue 17, 20, 23f., 26, 29, 32, 44f., 47, 54, 58-60, 62, 69, 75f., 81.
Tyrannei 61.

Undank(barkeit) 59, 61.
ungerecht 27.

---

1 Wechse = niederdt. „Gewächse", Entwicklungen.

Untertan, Untertänigkeit 8, 59, 69, 76, 81.
Untreue 24.

väterlich 49.
Vater des Vaterlandes 49.
Vaterland 79.
Verdienst, Meriten, Qualifikation 43, 60.
Vertrauen 23, 76, 81.
Völkerrecht 46, 51f., 55, 60f.

Wohlfahrt s. Gemeiner Nutzen.
Wohlstand (der Untertanen) 53.

Zorn Gottes, Zorn und Strafe Gottes 42, 59.

KIELER WERKSTÜCKE

Reihe A: Beiträge zur schleswig-holsteinischen und skandinavischen Geschichte

Hrsg. von Thomas Riis.

Band 1 Kai Fuhrmann: Die Auseinandersetzung zwischen königlicher und gottorfischer Linie in den Herzogtümern Schleswig und Holstein in der zweiten Hälfte des 17. Jahrhunderts. 1990.

Band 2 Ralph Uhlig (Hrsg.): Vertriebene Wissenschaftler der Christian-Albrechts-Universität zu Kiel (CAU) nach 1933. Zur Geschichte der CAU im Nationalsozialismus. Eine Dokumentation, bearbeitet von Uta Cornelia Schmatzler und Matthias Wieben. 1991.

Band 3 Carsten Obst: Der demokratische Neubeginn in Neumünster 1947 bis 1950 anhand der Arbeit und Entwicklung des Neumünsteraner Rates. 1992.

Band 4 Thomas Hill: Könige, Fürsten und Klöster. Studien zu den dänischen Klostergründungen des 12. Jahrhunderts. 1992.

Band 5 Rüdiger Wurr/Udo Gerigk/Uwe Törper/Alfred Sielken: Türkische Kolonie im Wandel. Ausländersozialarbeit und Ausländerpädagogik in Schleswig-Holstein (Bandhrsg.: Kai Fuhrmann und Ralph Uhlig). 1992.

Band 6 Torsten Mußdorf: Die Verdrängung jüdischen Lebens in Bad Segeberg im Zuge der Gleichschaltung 1933-1939 (Bandhrsg.: Kai Fuhrmann und Ralph Uhlig).1992.

Band 7 Thorsten Afflerbach: Der berufliche Alltag eines spätmittelalterlichen Hansekaufmanns. Betrachtungen zur Abwicklung von Handelsgeschäften. 1993.

Band 8 Ralph Uhlig: *Confidential Reports* des Britischen Verbindungsstabes zum Zonenbeirat der britischen Besatzungszone in Hamburg (1946-1948). Demokratisierung aus britischer Sicht. 1993.

Band 9 Broder Schwensen: Der Schleswig-Holsteiner-Bund 1919-1933. Ein Beitrag zur Geschichte der nationalpolitischen Verbände im deutsch-dänischen Grenzland. 1993.

Band 10 Matthias Wieben: Studenten der Christian-Albrechts-Universität im Dritten Reich. Zum Verhaltensmuster der Studenten in den ersten Herrschaftsjahren des Nationalsozialismus. 1994.

Band 11 Volker Henn/Arnved Nedkvitne (Hrsg.): Norwegen und die Hanse. Wirtschaftliche und kulturelle Aspekte im europäischen Vergleich. 1994.

Band 12 Jürgen Hartwig Ibs: Die Pest in Schleswig-Holstein von 1350 bis 1547/48. Eine sozialgeschichtliche Studie über eine wiederkehrende Katastrophe. 1994.

Band 13 Martin Höffken: Die "Kieler Erklärung" vom 26. September 1949 und die "Bonn-Kopenhagener Erklärungen" vom 29. März 1955 im Spiegel deutscher und dänischer Zeitungen. Regierungserklärungen zur rechtlichen Stellung der dänischen Minderheit in Schleswig-Holstein in der öffentlichen Diskussion. 1994.

Band 14 Erich Hoffmann, Frank Lubowitz (Hrsg.): Die Stadt im westlichen Ostseeraum. Vorträge zur Stadtgründung und Stadterweiterung im Hohen Mittelalter. Teil 1 und 2. 1995.

Band 15 Claus Ove Struck: Die Politik der Landesregierung Friedrich Wilhelm Lübke in Schleswig-Holstein (1951-1954). 1997.

Band 16 Hannes Harding: Displaced Persons (DPs) in Schleswig-Holstein 1945-1953. 1997.

Band 17 Olav Vollstedt: Maschinen für das Land. Agrartechnik und produzierendes Gewerbe Schleswig-Holsteins im Umbruch (um 1800-1867). 1997.

Band 18 Jörg Philipp Lengeler: Das Ringen um die Ruhe des Nordens. Großbritanniens Nordeuropa-Politik und Dänemark zu Beginn des 18. Jahrhunderts. 1998.

Band 19 Thomas Riis (Hrsg.): Tisch und Bett. Die Hochzeit im Ostseeraum seit dem 13. Jahrhundert. 1998.

Band 20 Alf R. Bjercke: Norwegische Kätnersöhne als königliche Dragoner. Eine Abhandlung über den Dragonerdienst in Norwegen und die Grenzwache in Schleswig-Holstein 1758-1762. 1999.

Band 21 Niels Bracke: Die Regierung Waldemars IV. Eine Untersuchung zum Wandel von Herrschaftsstrukturen im spätmittelalterlichen Dänemark. 1999.

Band 22 Lutz Sellmer: Albrecht VII. von Mecklenburg und die Grafenfehde (1534-1536). 1999.

Band 23 Ernst-Erich Marhencke: Hans Reimer Claussen (1804-1894). Kämpfer für Freiheit und Recht in zwei Welten. Ein Beitrag zu Herkunft und Wirken der "Achtundvierziger". 1999.

Band 24 Hans-Otto Gaethke: Herzog Heinrich der Löwe und die Slawen nordöstlich der unteren Elbe. 1999.

Band 25 Henning Unverhau: Gesang, Feste und Politik. Deutsche Liedertafeln, Sängerfeste, Volksfeste und Festmähler und ihre Bedeutung für das Entstehen eines nationalen und politischen Bewußtseins in Schleswig-Holstein 1840-1848. 2000.

Band 26 Joseph Ben Brith: Die Odyssee der Henrique-Familie (Bandhrsg.: Björn Marnau und Ralph Uhlig). 2001.

Band 27 Karl-Otto Hagelstein: Die Erbansprüche auf die Herzogtümer Schleswig und Holstein 1863/64. 2003.

Band 28 Annegret Wittram: Fragmenta. Felix Jacoby und Kiel. Ein Beitrag zur Geschichte der Kieler Christian-Albrechts-Universität. 2004.

Band 29 Sönke Loebert: Die dänische Vergangenheit Schleswigs und Holsteins in preußischen Geschichtsbüchern. 2008.

Reihe B: Beiträge zur nordischen und baltischen Geschichte

Hrsg. von Hain Rebas

Band 1 Rainer Plappert: Zwischen Zwangsclearing und Entschädigung. Die politischen Beziehungen zwischen der Bundesrepublik Deutschland und Schweden im Schatten der Kriegsfolgefragen 1949 - 1956. 1996.

Band 2 Volker Seresse: Des Königs "arme weit abgelegene Vntterthanen". Oesel unter dänischer Herrschaft 1559/84-1613. 1996.

Band 3 Ingrid Bohn: Zwischen Anpassung und Verweigerung. Die deutsche St. Gertruds Gemeinde in Stockholm zur Zeit des Nationalsozialismus. 1997.

Band 4 Saskia Pagell: Souveränität oder Integration? Die Europapolitik Dänemarks und Norwegens von 1945 bis 1995. 2000.

Band 5 Ulrike Hanssen-Decker: Von Madrid nach Göteborg. Schweden und der EU-Beitritt Estlands, Lettlands und Litauens, 1995–2001. 2008.

Reihe C: Beiträge zur europäischen Geschichte des frühen und hohen Mittelalters

Hrsg. von Hans Eberhard Mayer

Band 1 Martin Rheinheimer: Das Kreuzfahrerfürstentum Galiläa. 1990.

Band 2 Oliver Berggötz: Der Bericht des Marsilio Zorzi. Codex Querini-Stampalia IV 3 (1064). 1990.

Band 3 Thomas Eck: Die Kreuzfahrerbistümer Beirut und Sidon im 12. und 13. Jahrhundert auf prosopographischer Grundlage. 2000.

Reihe D: Beiträge zur europäischen Geschichte des späten Mittelalters

Hrsg. von Werner Paravicini

Band 1 Holger Kruse, Werner Paravicini, Andreas Ranft (Hrsg.): Ritterorden und Adelsgesellschaften im spätmittelalterlichen Deutschland. Ein systematisches Verzeichnis. 1991.

Band 2 Werner Paravicini (Hrsg.): Hansekaufleute in Brügge. Teil 1: Die Brügger Steuerlisten 1360 - 1390, hrsg. von Klaus Krüger. 1992.

Band 3 Les Chevaliers de l'Ordre de la Toison d'or au XVe siècle. Notices bio-bibliographiques publiées sous la direction de Raphaël de Smedt. 1994. 2. Auflage 2000.

Band 4 Werner Paravicini (Hrsg.): Der Briefwechsel Karls des Kühnen (1433-1477). Inventar. Redigiert von Sonja Dünnebeil und Holger Kruse. Bearbeitet von Susanne Baus u.a. Teil 1 und 2. 1995.

Band 5 Werner Paravicini (Hrsg.): Europäische Reiseberichte des späten Mittelalters. Eine analytische Bibliographie. Teil 1: Deutsche Reiseberichte, bearb. von Christian Halm. 1994. 2., durchgesehene und um einen Nachtrag ergänzte Auflage 2001.

Band 6 Rainer Demski: Adel und Lübeck. Studien zum Verhältnis zwischen adliger und bürgerlicher Kultur im 13. und 14. Jahrhundert. 1996.

Band 7 Anne Chevalier-de Gottal: Les Fêtes et les Arts à la Cour de Brabant à l'aube du XVe siècle. 1996.

Band 8 Stephan Selzer: Artushöfe im Ostseeraum. Ritterlich-höfische Kultur in den Städten des Preußenlandes im 14. und 15. Jahrhundert. 1996.

Band 9 Werner Paravicini (Hrsg.): Hansekaufleute in Brügge. Teil 2. Georg Asmussen: Die Lübecker Flandernfahrer in der zweiten Hälfte des 14. Jahrhunderts (1358-1408). 1999.

Band 10 Jean Marie Maillefer: Chevaliers et princes allemands en Suède et en Finlande à l'époque des Folkungar (1250-1363). Le premier établissement d'une noblesse allemande sur la rive septentrionale de la Baltique. 1999.

Band 11 Werner Paravicini, Horst Wernicke (Hrsg.): Hansekaufleute in Brügge. Teil 3. Prosopographischer Katalog zu den Brügger Steuerlisten 1360-1390. Bearbeitet von Ingo Dierck, Sonja Dünnebeil und Renée Rößner. 1999.

Band 12 Werner Paravicini (Hrsg.): Europäische Reiseberichte des späten Mittelalters. Eine analytische Bibliographie. Teil 2: Französische Reiseberichte, bearbeitet von Jörg Wettlaufer in Zusammenarbeit mit Jacques Paviot. 1999.

Band 13 Nils Jörn, Werner Paravicini, Horst Wernicke (Hrsg.): Hansekaufleute in Brügge. Teil 4. Beiträge der Internationalen Tagung in Brügge April 1996. 2000.

Band 14 Werner Paravicini (Hrsg.): Europäische Reiseberichte des späten Mittelalters. Eine analytische Bibliographie. Teil 3. Niederländische Reiseberichte. Nach Vorarbeiten von Detlev Kraack bearbeitet von Jan Hirschbiegel. 2000.

Band 15 Werner Paravicini (Hrsg.): Hansekaufleute in Brügge. Teil 5. Renée Rößner: Hansische Memoria in Flandern. Alltagsleben und Totengedenken der Osterlinge in Brügge und Antwerpen (13. bis 16. Jahrhundert). 2001.

Reihe E: Beiträge zur Sozial- und Wirtschaftsgeschichte

Hrsg. von Gerhard Fouquet

Band 1 Thomas Hill/Dietrich W. Poeck (Hrsg.): Gemeinschaft und Geschichtsbilder im Hanseraum. 2000.

Band 2 Gabriel Zeilinger: Die Uracher Hochzeit 1474. Form und Funktion eines höfischen Festes im 15. Jahrhundert. 2002.

Band 3 Sascha Taetz: Richtung Mitternacht. Wahrnehmung und Darstellung Skandinaviens in Reiseberichten städtischer Bürger des 16. und 17. Jahrhunderts. 2004.

Band 4 Harm von Seggern / Gerhard Fouquet / Hans-Jörg Gilomen (Hrsg.): Städtische Finanzwirtschaft am Übergang vom Mittelalter zur Frühen Neuzeit. 2007.

Band 5 Gerhard Fouquet (Hrsg.): Die Reise eines niederadeligen Anonymus ins Heilige Land im Jahre 1494. 2007.

Band 6 Sven Rabeler: Das Familienbuch Michels von Ehenheim (um 1462/63–1518). Ein niederadliges Selbstzeugnis des späten Mittelalters. Edition, Kommentar, Untersuchung. 2007.

Reihe F: Beiträge zur osteuropäischen Geschichte

Hrsg. von Rudolf Jaworski und Ludwig Steindorff

Band 1 Peter Nitsche (Hrsg.), unter Mitarbeit von Ekkehard Klug: Preußen in der Provinz. Beiträge zum 1. deutsch-polnischen Historikerkolloquium im Rahmen des Kooperationsvertrages zwischen der Adam-Mickiewicz-Universität Poznaø und der Christian-Albrechts-Universität zu Kiel. 1991.

Band 2 Rudolf Jaworski (Hrsg.): Nationale und internationale Aspekte der polnischen Verfassung vom 3. Mai 1791. Beiträge zum 3. deutsch-polnischen Historikerkolloquium im Rahmen des Kooperationsvertrages zwischen der Adam-Mickiewicz-Universität Poznaø und der Christian-Albrechts-Universität zu Kiel, unter Mitarbeit von Eckhard Hübner. 1993.

Band 3 Peter Nitsche (Hrsg.): Die Nachfolgestaaten der Sowjetunion. Beiträge zur Geschichte, Wirtschaft und Politik. Herausgegeben unter Mitarbeit von Jan Kusber. 1994.

Band 4 Stephan Conermann, Jan Kusber (Hrsg.): Die Mongolen in Asien und Europa. 1997.

Band 5 Randolf Oberschmidt: Rußland und die schleswig-holsteinische Frage 1839-1853. 1997.

Band 6 Rudolf Jaworski / Jan Kusber / Ludwig Steindorff (Hrsg.): Gedächtnisorte in Osteuropa. Vergangenheiten auf dem Prüfstand. 2003.

Band 7 Ulrich Kaiser: Realpolitik oder antibolschewistischer Kreuzzug? Zum Zusammenhang von Rußlandbild und Rußlandpolitik der deutschen Zentrumspartei 1917–1933. 2005.

Band 8 Annelore Engel-Braunschmidt / Eckhard Hübner (Hrsg.): Jüdische Welten in Osteuropa. 2005.

Band 9 Martin Aust / Ludwig Steindorff (Hrsg.): Russland 1905. Perspektiven auf die erste Russische Revolution. 2007.

Reihe G: Beiträge zur Frühen Neuzeit

Hrsg. von Olaf Mörke

Band 1 Rolf Schulte: Hexenmeister. Die Verfolgung von Männern im Rahmen der Hexenverfolgung von 1530-1730 im Alten Reich. 2000. 2., ergänzte Auflage 2001.

Band 2 Jan Klußmann: Lebenswelten und Identitäten adliger Gutsuntertanen. Das Beispiel des östlichen Schleswig-Holsteins im 18. Jahrhundert. 2002.

Band 3 Daniel Höffker / Gabriel Zeilinger (Hrsg.): Fremde Herrscher. Elitentransfer und politische Integration im Ostseeraum (15.–18. Jahrhundert). 2006.

Band 4 Volker Seresse (Hrsg.): Schlüsselbegriffe der politischen Kommunikation in Mitteleuropa während der frühen Neuzeit. 2009.

www.peterlang.de

Daniel Höffker / Gabriel Zeilinger (Hrsg.)

Fremde Herrscher

Elitentransfer und politische Integration im Ostseeraum (15.–18. Jahrhundert)

Frankfurt am Main, Berlin, Bern, Bruxelles, New York, Oxford, Wien, 2006. 130 S.
Kieler Werkstücke. Reihe G: Beiträge zur Frühen Neuzeit.
Herausgegeben von Olaf Mörke. Bd. 3
ISBN 3-631-54818-4 · br. € 29.60*

In der Geschichte der Ostsee und ihrer Anrainerländer gab es in alteuropäischer Zeit immer wieder den Fall, dass aufgrund dynastischer Krisen landesfremde Fürsten auf den Thron gerufen wurden. Dies beinhaltete sowohl eine räumliche und kulturelle Umstellung für den neuen Herrscher wie auch die kommunikative Anpassung an das fremde Herrschaftssystem. Gleichzeitig mussten sich die einheimischen Eliten in Hof- und Landesverwaltung auf den „Neuling" einstellen. In diesem Band wird die Frage verfolgt, wie sich die fremden Herrscher am neuen Ort zurechtfanden, ob und wie ihnen die politische und soziale Verständigung mit den Eliten ihrer neuen Länder gelang und welcher „Netzwerke" (Verwandtschaft, alte und neue Räte, Hofparteien etc.) sie sich bedienten. Woran konnten sich eventuelle Konflikte entzünden? Wie waren die personellen Brücken zur alten Heimat, wie stark war der engere Hof geprägt von „heimatlichem" Hofpersonal? Dies wird für vier ausgewählte „fremde" Herrscher im Ostseeraum zwischen dem 15. und 18. Jahrhundert untersucht.

Aus dem Inhalt: Christoph von Bayern: König von Dänemark, Norwegen und Schweden (1440–1448) · Christian von Oldenburg: König von Dänemark, Norwegen und Schweden (1448–1481) · Sigismund III. Vasa: König von Polen (1587–1632) · Friedrich von Hessen-Kassel: König von Schweden (1720–1751)

Frankfurt am Main · Berlin · Bern · Bruxelles · New York · Oxford · Wien
Auslieferung: Verlag Peter Lang AG
Moosstr. 1, CH-2542 Pieterlen
Telefax 0041 (0)32/376 17 27

*inklusive der in Deutschland gültigen Mehrwertsteuer
Preisänderungen vorbehalten

Homepage http://www.peterlang.de